全国职业培训推荐教材
人力资源和社会保障部教材办公室评审通过
适合于职业技能短期培训使用

果品加工基本技能

中国劳动社会保障出版社

图书在版编目（CIP）数据

果品加工基本技能/乌兰主编. —北京：中国劳动社会保障出版社，2009

职业技能短期培训教材

ISBN 978-7-5045-8105-1

Ⅰ. 果… Ⅱ. 乌… Ⅲ. 水果加工-技术培训-教材 Ⅳ. TS255.36

中国版本图书馆 CIP 数据核字（2009）第 235704 号

中国劳动社会保障出版社出版发行

（北京市惠新东街 1 号 邮政编码：100029）

出 版 人：张梦欣

*****

北京金明盛印刷有限公司印刷装订 新华书店经销

850 毫米×1168 毫米 32 开本 4.375 印张 108 千字

2010 年 1 月第 1 版 2010 年 1 月第 1 次印刷

定价：9.00 元

读者服务部电话：010-64929211

发行部电话：010-64927085

出版社网址：http://www.class.com.cn

前言

职业技能培训是提高劳动者知识与技能水平、增强劳动者就业能力的有效措施。职业技能短期培训，能够在短期内使受培训者掌握一门技能，达到上岗要求，顺利实现就业。

为了适应开展职业技能短期培训的需要，促进短期培训向规范化发展，提高培训质量，中国劳动社会保障出版社组织编写了职业技能短期培训系列教材，涉及二产和三产百余种职业（工种）。在组织编写教材的过程中，以相应职业（工种）的国家职业标准和岗位要求为依据，并力求使教材具有以下特点：

短。教材适合15～30天的短期培训，在较短的时间内，让受培训者掌握一种技能，从而实现就业。

薄。教材厚度薄，字数一般在10万字左右。教材中只讲述必要的知识和技能，不详细介绍有关的理论，避免多而全，强调有用和实用，从而将最有效的技能传授给受培训者。

易。内容通俗，图文并茂，容易学习和掌握。教材以技能操作和技能培养为主线，用图文相结合的方式，通过实例，一步步地介绍各项操作技能，便于学习、理解和对照操作。

这套教材适合于各级各类职业学校、职业培训机构在开展职业技能短期培训时使用。欢迎职业学校、培训机构和读者对教材中存在的不足之处提出宝贵意见和建议。

人力资源和社会保障部教材办公室

简介

本书首先对加工用水、食品添加剂、果品的营养价值在加工过程中的变化以及果品加工物料计算等必需的基础知识进行了介绍；书中重点讲述了果品加工生产的技能，包括原料加工前的处理、产品特制、冷却及包装贴标；最后介绍了果品常见质量问题及预防措施。

本书在编写过程中，针对职业技能短期培训学员的特点，加强内容表述的直观性，操作技能配有丰富的实例和直观的图片，内容简练，通俗易懂，实用性强。通过本书的学习，学员能够从事果品加工相关岗位的工作。

本书由乌兰主编，张昭军参与编写，毕金峰审稿。

目录

第一单元　果品加工原辅料基础知识

培训目标

1. 了解果类加工产品对加工用水和食品添加剂的要求。
2. 学会果类加工产品质量控制的方法。

模块一　加 工 用 水

水是果类产品加工中最主要的原料之一，用量大，而且对水质要求严格。果类产品加工用水主要包括原料洗涤、烫漂、糖盐液配制、冷却等直接接触用水，锅炉用水和设备容器及厂房、个人卫生用水。不同用水对水质要求不同，对产品质量也有直接影响。

一、水质及加工用水要求

在果类产品加工中，原料的清洗、浸渍、溶解、护色、浮选、水力输送、烫漂、预煮、糖化、发酵、调味液配制、杀菌、冷却等工序都需用大量的水，所用水的水质对产品质量会有很大的影响。不少食品质量问题（如变色、褪色、异臭、异味、浑浊、沉淀等）都与食品加工用水的水质有关。

凡是与果类原料及其制品接触的水，均应符合 GB 5749—2006《生活饮用水卫生标准》。要求无色透明、澄清、无悬浮物、无沉淀物；无臭无异味，不含有硫化氢、氨、硝酸盐和亚硝酸盐类，不应含有过多的铁盐和锰盐类；无致病细菌，无耐热性微生物及寄生病虫卵；不含对人体健康有害的物质；1 L 水中细菌总数不超过 100 个，大肠杆菌不超过 3 个。水中铁、锰等盐类多时，不仅能引起金属臭味，而且能与单宁类物质作用导致变色，同时会促进维生素的分解。水中含有硫化氢、氨、硝酸盐和亚硝酸盐时，不仅产生臭味，而且表明水中曾有腐败作用发生或水被污染。如果水中致病菌及耐热性细菌含量太多，则影响杀菌效果。

水的硬度与加工品质量关系很大。水的硬度取决于水中钙、镁盐的含量，我国常用德国度（即 CaO 含量）表示水的硬度的大小，硬度 1°相当于 1 L 水中含 CaO 10 mg。凡是硬度在 8°以下的水为软水，硬度在 8°～16°的水为中度硬水，硬度在 16°以上的水为高度硬水。水的硬度过大，钙离子、镁离子能与蛋白质类物质结合，使罐头汁液或果汁发生浑浊或沉淀，还能与果蔬中的果胶酸结合生成果胶酸钙，使果肉表面粗糙，加工制品发硬；如果镁盐含量过高，加工产品有苦味。不同的加工品对水的硬度有不同的要求，制作果脯蜜饯、蔬菜腌制品及半成品的保存时应以硬水为好，以提高制品的脆度和硬度，防止煮烂和软烂；脱水干制品加工可用中度硬水，使组织不致软化；罐头制品、速冻制品、果蔬汁、果酒等加工品均要求使用软水。而锅炉用水硬度高，容易形成水垢，不仅影响锅炉的传热，严重时还易发生爆炸事故。

二、加工用水的处理

加工用水的水源包括江河、湖泊、水库中的水，深井水，自来水或海水等。一般加工厂均使用深井水或自来水，这些水源符合加工用水的水质要求，可以直接使用；对不符合要求的须进行一定的处理。江河、湖泊、水库中的水必须经过澄清、过滤、消毒、软化等处理后才能使用。海水必须经过脱盐和净化处理。锅炉用水必须经过软化方可使用。

1. 澄清过滤

澄清过滤的目的是除去水中的悬浮杂质和胶体物质。采用最新的过滤技术，还能除去水中引起异味、颜色的物质及铁、锰盐类和微生物，从而获得品质优良的水。

对于浊度较大的水，常加混凝剂使水澄清。自然水中的悬浮物表面一般带负电荷，当加入混凝剂后，混凝剂可在水中水解生成带正电荷的阳离子，便与悬浮物发生电荷中和而聚集下沉，常用的混凝剂为铝盐和铁盐。

常用的过滤设备有砂石过滤器（见图 1—1）和砂棒过滤器(见图 1—2)。砂石过滤是以砂石、木炭作滤层，除去水中的悬浮物、泥沙及大量微生物。过滤介质有沙、石英砂、无烟煤、磁铁矿等，一般滤层从上至下的填充料为小石、粗沙、无烟煤、石英砂、磁铁矿等，滤层厚度为 70～100 cm，过滤速度为 5～10 m^3/h。砂棒过滤器是采用细微颗粒的硅藻土和骨灰，经成型后在高温下焙烧而形成的一种带有极多毛细孔隙的中空滤棒，处理水时，在外压作用下，将待滤水通过砂滤的微小孔隙，将待滤水中存在的少量有机物及微生物截留在微孔砂滤棒表面，滤出的水可达到基本无菌。砂棒过滤器外壳是用铝合金铸成锅形的密封容器，分上下两层，中间以隔板隔开，隔板上（或下）为待滤水，隔板下（或上）为砂滤水，容器内安装一至数十根砂滤棒。砂滤棒使用一段时间后，砂棒芯外壁逐渐挂垢而降低滤水量。这时必须停机，卸出砂棒芯对其进行处理，方法是堵住砂棒芯出水嘴，浸泡在水中，用水砂纸轻轻擦去砂棒芯表面被污染层，至砂棒芯恢复原色，即可安装重新使用。若使用洗涤剂，也可以封闭冲洗，不用卸出砂芯。砂滤棒在使用前需用 75%酒精或 0.25%新洁尔灭或 10%漂白粉消毒处理，安装时凡是与净水接触的部分都要消毒。以上两种过滤器都需要定期清洗，清洗时，借助于泵压将清洁水反向输入过滤设备中，利用水流的冲力将杂质冲洗下来。

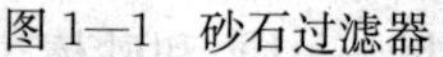

图 1—1　砂石过滤器

图 1—2　砂棒过滤器

2. 软化

软化的目的是降低水的硬度，以适合加工用水的要求。目前常用的软化方法有离子交换法、电渗析技术等。

(1) 离子交换法。当硬水通过离子交换器内的离子交换树脂时，水中的阴阳离子可以和树脂上的离子进行交换，使水得到软化，其工作原理示意如图 1—3 所示。

离子交换法脱盐率高，也比较经济。但在脱盐中要消耗大量的食盐或硫酸再生离子交换剂，排出的酸、碱等废液对环境也会造成一定的污染。

(2) 电渗析技术。电渗析是一种膜分离技术，常用于海水和咸水的淡化，或用自来水制备初级纯水。其原理是通过具有选择透过性和良好导电性的离子交换膜，在外加直流电场的作用下，根据异性相吸、同性相斥的原理，使水中的阴离子、阳离子分别通过阴离子交换膜和阳离子交换膜而实现水的净化，其工作原理如图 1—4 所示。

电渗析技术能连续化、自动化，不需外加任何化学药剂，不带任何危害水质的因素，对盐类的除去量也容易控制。同时具有投资少、耗电省、操作简单、检修方便、占地面积小等优点，因此，近年来在食品工业中得到广泛的应用。

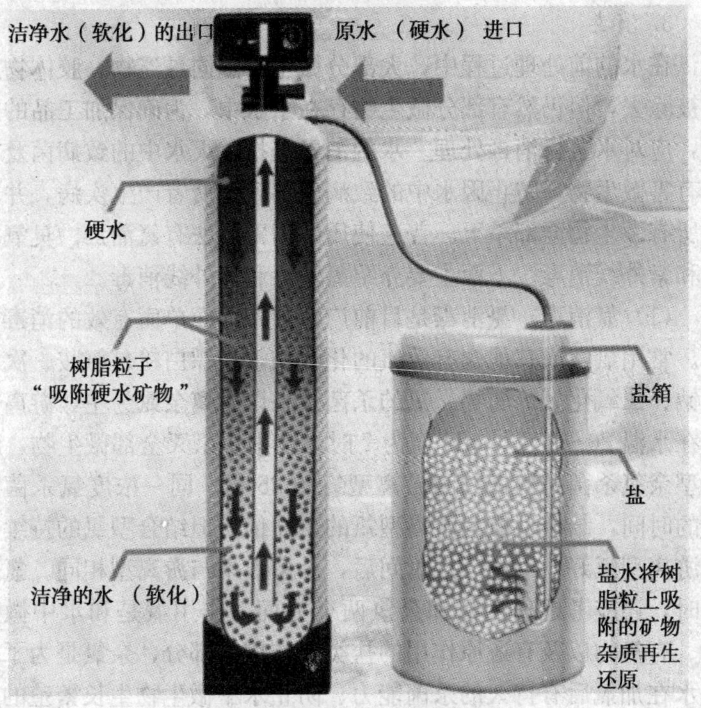

图 1—3 离子交换法工作原理示意图

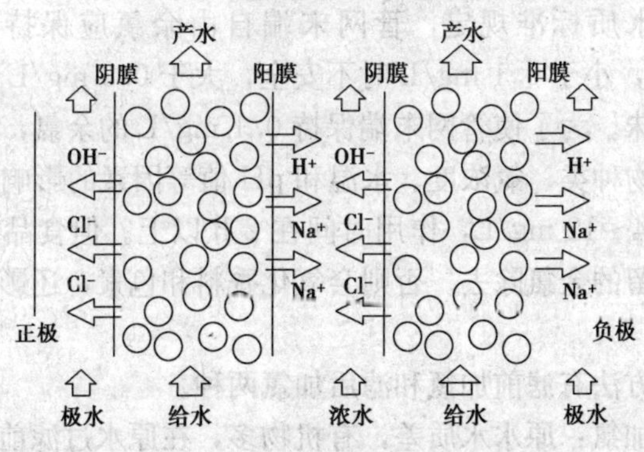

图 1—4 电渗析工作原理示意图

3. 消毒

在水的前处理过程中，大部分微生物随同悬浮物、胶体物质等被除去，但仍然有部分微生物存在于水中，为确保加工品的卫生，应对水进行消毒处理。水的消毒是指杀灭水中的致病菌及其他有害微生物，防止因水中的致病菌导致消费者产生疾病，并非将所有微生物全部杀灭。普遍使用的消毒方法有氯消毒、臭氧消毒和紫外线消毒。下面主要介绍氯消毒和紫外线消毒。

（1）氯消毒。氯消毒是目前广泛使用的简单而有效的消毒方法。常用氯气或其他含有效氯的化合物，如漂白粉、氯胺、次氯酸钠、二氧化氯等药物。氯的杀菌效果以游离余氯为主，游离余氯在水温 20～25℃、pH 值为 7 时，能很快杀灭全部微生物，结合型余氯杀菌时用量约为游离型氯的 25 倍。同一浓度氯杀菌所需的时间，结合型氯为游离型氯的 100 倍，但结合型氯的持续性比游离型氯好，经过一定时间后，杀菌效果与游离型相同。氯杀菌时，还应考虑作用氯和余氯两个方面，作用氯是和水中微生物、有机物以及有还原作用的盐类起作用的部分，余氯是为了保持水在加氯后有持久的杀菌能力、防止水中微生物生长繁殖的一部分氯。

我国水质标准规定，管网末端自由余氯应保持在 0.1～0.3 mg/L，小于 0.1 mg/L 时不安全，大于 0.3 mg/L 时水有明显的氯臭味。为了使管网末端保持 0.1 mg/L 的余氯，同时综合考虑微生物种类、氯浓度、水温和 pH 值等因素的影响，一般总投氯量为 4～12 mg/L，作用时间在 2 h 以上。但食品加工用水必须将残留的余氯除去。否则会氧化香料和色素，还影响成品的风味。

加氯方法有滤前加氯和滤后加氯两种。

滤前加氯：原水水质差，有机物多，在原水过滤前加氯，可防止沉淀池中微生物繁殖，但加氯量要多。

滤后加氯：原水经沉淀和过滤后加氯，加氯量可比滤前添加的少，且消毒效果好。

（2）紫外线消毒。紫外线是一种波长为136～390 nm的不可见光线，波长在250～260 nm时具有很强的杀菌效果。目前使用的紫外线杀菌装置多为低压汞灯。只有根据杀菌装置的种类和目的来选择灯管，才能获得最佳效果。灯管使用一段时间后，其紫外线发射能力会降低，当降到原功率的70%时，应更换灯管。紫外线净水消毒器如图1—5所示。

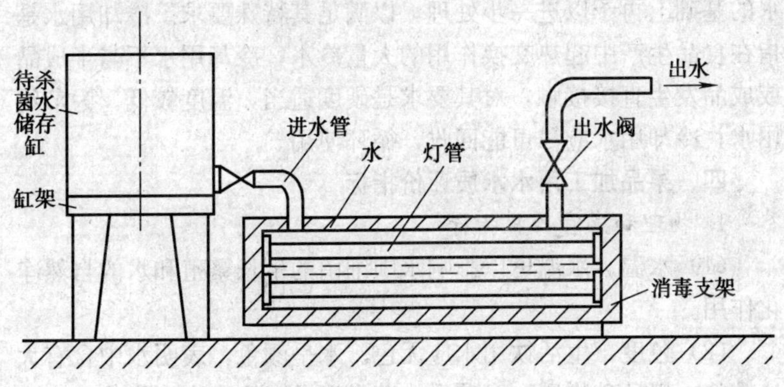

图1—5 紫外线净水消毒器

紫外线杀菌操作简单，杀菌速度快，效率高，不会带来异味；设备成本较低，因此得到了广泛应用。但紫外线杀菌对水质要求较高，待处理的水应无色、无混浊、含气体量少。

三、食品企业用水的来源和分类

食品企业用水按其来源可分为地面水和地下水。地面水是暴露在地面的天然水源，由降水汇集而成，通常指江河水、湖水、水库水。地面水的感官性状一般欠佳，容易受到污染，作为水源时必须有一定的水质处理措施和水源防护措施。地下水可分为浅层地下水、深层地下水、泉水。其主要来源是渗入地下的雨雪水和通过河床、湖底而渗入地下的地面水。由于水透过地质层时，形成一个自然过滤过程，故水质较好，尤其是深层地下水和泉水。但地下水硬度较高，矿物质含量也较多。

食品企业用水按其用途可分为生活饮用水（一般生产用水）、特殊工艺用水、冷却用水等。

食品企业的一般生产用水，如原料的清洗、蒸煮、直接冷却、清洗设备工具及其他一般工艺用水，其水质均应满足《生活饮用水卫生标准》。食品企业的特殊工艺用水主要是指直接构成产品组分的原料水和锅炉用水，这部分用水要求水质在生活饮用水的基础上再予以进一步处理，以满足其特殊要求。冷却用水是指在食品生产中起热交换作用的大量冷水，冷却用水不与半成品或成品发生直接接触，对其要求是硬度适当，温度较低。为节约用水，冷却用水应尽可能回收，循环使用。

四、果品加工用水水质评价指标

1. 物理和感官性状指标

（1）水温。水温可以影响水中细菌的生长繁殖和水的自然净化作用。

（2）色度。生活饮用水应无色。水呈颜色，表明水中含有大量铁盐、黑色矿物质、腐殖质、藻类以及工厂废水污染。

（3）浑浊度。浑浊度表示水中所含悬浮物质的多少。它与水中的泥沙、有机物、矿物盐、藻类及其他微生物等悬浮杂质的含量和性状有关。

（4）臭。臭是指水质对人嗅觉的刺激。水被污染时往往会有异臭。

（5）味。味是指水味对舌味觉的刺激。清洁的水应适口而无味。

（6）总固体。总固体是水中悬浮物质和溶解性物质的总称。它由有机物、无机物及各种浮游生物等组成。总固体越少，水越清洁。

2. 理化指标及微生物指标

果品加工用水的理化指标、微生物指标及限值必须符合 GB

5749—2006《生活饮用水卫生标准》，其具体要求见表1—1。

表1—1　　水质常规指标及限值

指标	限值
1. 微生物指标[①]	
总大肠菌群（MPN/100 mL或CFU/100 mL）	不得检出
耐热大肠菌群（MPN/100 mL或CFU/100 mL）	不得检出
大肠埃希氏菌（MPN/100 mL或CFU/100 mL）	不得检出
菌落总数（CFU/mL）	100
2. 毒理指标	
砷（mg/L）	0.01
镉（mg/L）	0.005
铬（六价，mg/L）	0.05
铅（mg/L）	0.01
汞（mg/L）	0.001
硒（mg/L）	0.01
氰化物（mg/L）	0.05
氟化物（mg/L）	1.0
硝酸盐（以N计，mg/L）	10 地下水源限制时为20
三氯甲烷（mg/L）	0.06
四氯化碳（mg/L）	0.002
溴酸盐（使用臭氧时，mg/L）	0.01
甲醛（使用臭氧时，mg/L）	0.9
亚氯酸盐（使用二氧化氯消毒时，mg/L）	0.7
氯酸盐（使用复合二氧化氯消毒时，mg/L）	0.7

续表

指标	限值
3. 感官性状和一般化学指标	
色度（铂钴色度单位）	15
浑浊度（NTU－散射浊度单位）	1 水源与净水技术条件限制时为 3
臭和味	无异臭，无异味
肉眼可见物	无
pH（pH 单位）	不小于 6.5 且不大于 8.5
铝（mg/L）	0.2
铁（mg/L）	0.3
锰（mg/L）	0.1
铜（mg/L）	1.0
锌（mg/L）	1.0
氯化物（mg/L）	250
硫酸盐（mg/L）	250
溶解性总固体（mg/L）	1 000
总硬度（以 $CaCO_3$ 计，mg/L）	450
耗氧量（COD_{Mn}法，以 O_2 计，mg/L）	3 水源限制，原水耗氧量＞6 mg/L 时为 5
挥发酚类（以苯酚计，mg/L）	0.002
阴离子合成洗涤剂（mg/L）	0.3
4. 放射性指标②	指导值
总 α 放射性（Bq/L）	0.5
总 β 放射性（Bq/L）	1

注：① MPN 表示最可能数，CFU 表示菌落形成单位。当水样检出总大肠菌群时，应进一步检验大肠埃希氏菌或耐热大肠菌群；水样未检出总大肠菌群，不必检验大肠埃希氏菌或耐热大肠菌群。

② 放射性指标超过指导值，应进行核素分析和评价，判定能否饮用。

五、废水处理及排放

在果品生产过程中，各个工序，如浸泡、清洗、漂烫果品、清洗设备等都要用水，在处理完产品后会产生大量工业废水。废水不能直接排放到环境里，而是要经过多种处理，达到排放标准后才可排放。

1. 废水处理

废水处理一般包括物理处理法、化学处理法和生物处理法，在实际工作中，可根据不同的污染特征采取不同的处理方法。

物理处理法有沉淀、浮选、过滤、离心分离、机械絮凝沉淀、反渗透等方法；化学处理法有中和、化学絮凝等方法。生物处理法有生物滤池法、氧化塘法、生物转盘法、活性污泥法、厌气消化法等。

通常废水处理大体上分为一级处理、二级处理、三级处理和污泥处理等过程。一级处理又称机械净化，一般是利用沉降或上浮的方法将废水中的悬浮颗粒、胶体物质和上浮的油类除去。二级处理通常是生化处理，即通过生物氧化以分解水溶性有机物和胶体，经过二级处理后废水中的污染物质可大部分除去，我国多用活性污泥法。三级处理主要用于非生物降解的有机物、金属离子、磷、氮等营养物以及脱色除臭等。

2. 废水排放标准

废水在排放前应进行测定，符合国家规定的排放卫生标准方可排放。

根据废水中有害物质的影响大小，将目前需排放的废水分为两类，并分别规定了它们的最高允许排放浓度。第一类，能在环境或动植物体内蓄积，对人体健康产生长远影响的有害物质，如汞、镉、铅、砷、六价铬及它们的无机化合物。含有这类有害物质的废水，在车间或车间处理设备的废水排水口处，应符合标准规定，并不得用稀释方法代替必要的处理。第二类，其长远影响小于第一类的有害物质，如 pH 值、悬浮物、硫代物等。

模块二　食品添加剂

食品添加剂是指为改善食品品质和色、香、味以及防腐和加工工艺的需要而加入食品中的天然或化学合成物质。这些物质在产品中能保持食品的营养价值，防止食品腐败变质，并具有增强食品感观性状或提高食品质量的作用。在使用食品添加剂时，必须以我国《食品添加剂使用卫生标准》（GB 2760—2007）为依据，正确、合理添加食品添加剂。目前在果品加工中常用的食品添加剂主要有以下几种。

一、防腐剂

防腐剂是能抑制附着在食品上的微生物的生长发育、防止食品腐败变质而添加到食品中的化学物质。理想的防腐剂对造成腐败变质的各种微生物都具有阻止其繁殖的作用，并且具有毒性低、效果稳定、防止食品变质、使用方便、价格低廉等优点。

1. 苯甲酸及苯甲酸钠

苯甲酸又称为安息香酸，为白色片状或针状结晶，溶化温度121～123℃，沸点249.2℃，相对密度1.082。质轻无臭，略带安息香酸及苯甲醛气味，在空气中略有挥发性。微溶于冷水，在热水中溶解度增大，水溶液呈酸性。易溶于无水乙醇、甲醇、乙醚、丙酮、氯仿等有机溶剂。

苯甲酸钠又称为安息香酸钠，为白色结晶颗粒或粉末，无臭，略带苯甲醛气味，味略甜，有收敛性涩味。易溶于水，略溶于乙醇，水溶液呈微碱性。化学性质稳定，在使用过程中可转化为苯甲酸。

苯甲酸和苯甲酸钠为酸性防腐剂，具有广谱抗菌作用，在酸性条件下对酵母菌和霉菌的抑制作用明显，但对产酸菌的作用较弱。其杀菌防腐效果与pH值有很大的关系，在pH值为

2.5～3.5时，防腐抗菌力最强；pH值5.5以上时对很多霉菌和酵母菌都失去作用。使用时以pH值4.5以下为宜，此时0.1%～0.5%的浓度就能完全抑制细菌活性。使用苯甲酸时，应加适量的碳酸氢钠，用90℃以上的热水溶解，使其转化为钠盐后再加到食品中。苯甲酸钠水溶性较好，因此广泛使用苯甲酸钠。

苯甲酸和苯甲酸钠常用于果醋、果汁及果酱类等制品中。1 g苯甲酸钠相当0.85 g苯甲酸，也可计算为1 g苯甲酸相当于1.18 g苯甲酸钠。使用时的最大使用量（g/kg）以苯甲酸计，用量见表1—2。

表1—2　苯甲酸在果品制品中最大使用量　(g/kg)

食品名称	最大使用量	食品名称	最大使用量
蜜饯凉果	0.5	果蔬汁（肉）饮料	1.0
浓缩果蔬汁	2.0	果酱	1.0

2. 山梨酸及山梨酸钾

山梨酸又名己二烯酸，为无色针状结晶或白色结晶粉末，无臭，稍有刺激性，溶化温度132～135℃。耐光、耐热性好。微溶于水，易溶于乙醇、乙醚或其他有机溶剂。

山梨酸钾为白色至淡黄色鳞片状结晶或结晶性粉末，无臭或稍有异味。易溶于水、盐水和糖液中，在空气中易吸湿、氧化、分解。

山梨酸和山梨酸钾属于酸性防腐剂，对酵母菌、霉菌和好气性细菌均有抑制作用，对兼性厌气芽孢菌和嗜热乳杆菌几乎无效。其抑菌作用比抗菌作用强，防腐效果随体系pH值升高而降低，但山梨酸类防腐剂的适宜pH值范围比苯甲酸类广。在酸性条件下，0.1%浓度对酵母菌、霉菌有效，在pH值4.5以下时，对乳酸菌、杆菌、酵母菌及霉菌效果最佳，pH值在5～6之间或稍接近中性时也有效，但效力减低。山梨酸水溶性很低，使用前应先溶于乙醇或碳酸钠。山梨酸钾水溶性好，使用方便，已成为发达国家的主流防腐剂。1 g 山梨酸相当于 1.33 g 钾盐，使用时最大量不超过 2.0 g/kg。山梨酸为不饱和脂肪酸，可参加体内正常代谢，最后分解成二氧化碳和水，因此，山梨酸类防腐剂几乎无毒，有逐渐代替苯甲酸类防腐剂的趋势。

山梨酸和山梨酸钾常用于蜜饯凉果、浓缩果蔬汁、果冻及果酱类等制品中。其最大使用量（g/kg）以山梨酸计，用量见表1—3。

表 1—3　山梨酸在果品制品中最大使用量　(g/kg)

食品名称	最大使用量	食品名称	最大使用量
蜜饯凉果	0.5	果酒	0.6
浓缩果蔬汁	2.0	果酱类	1.0

二、稳定剂

稳定剂又称增稠剂、糊料或乳化稳定剂，是能够改善食品的物理性状、提高食品黏滑性或形成凝胶的一类食品添加剂。这类添加剂能提高流体食品的黏度和稠度，赋予食品润滑的适口感觉，同时具有保水性和成膜性。稳定剂虽然没有较大的表面活化能力，但其水溶液有黏性，具有胶体保护作用；提高溶液的黏度，能缩小两相的比重差，在分散粒子表面形成一层膜，因此具有稳定乳状液的作用。允许使用于食品上的乳化稳定剂有 23 种，大致上可以分为四类。

1. 半乳甘露聚糖类

半乳甘露聚糖类包括果胶、阿拉伯胶、角豆胶（刺槐豆胶）、瓜尔豆胶等。

（1）果胶。果胶为白色或淡黄色粉末，稍有特异臭味，口感黏滑。溶于 20 倍水则呈黏稠状液体，水溶液显酸性。耐热，几乎不溶于乙醇、醚类等有机溶剂。无固定的熔点和溶解度。主要成分为多聚 α—D—半乳糖醛酸甲酯。果胶作为增稠剂、稳定剂和胶凝剂使用，可用于果酱、果冻、果汁粉等食品。内服不被消化，有止血抑菌作用，实际使用可认为是无毒的。应按生产需要适量使用。

(2) 阿拉伯胶。阿拉伯胶为黄色至浅黄褐色半透明块状或白色至淡黄色的粒状或粉末状，无臭无味。新鲜商品外表平滑、内部透明，陈品外表有裂纹，内部半透明。颜色越淡，品质越好。阿拉伯胶极易溶于水，形成清晰黏稠的溶液，水溶液呈弱酸性，pH 值在 6～7 之间溶液黏度最大，但不溶于大多数有机溶剂。阿拉伯胶胶凝性差，在高浓度下不形成凝胶，可与其他水溶性胶类混合使用。阿拉伯胶常作为赋形剂和助香剂，在果汁粉等固体饮料和粉末香精中使用。应按生产需要适量使用。

2. 由葡萄糖组成的纤维素

由葡萄糖组成的纤维素包括羧甲基纤维素钠（CMC)、微晶纤维素等羧甲基纤维素钠。羧甲基纤维素钠为白色或浅黄色纤维状粉末，无臭无味，有吸湿性。易分散于水中，形成胶体溶液，不溶于乙醇、丙酮、乙醚等溶剂。耐热性较稳定。CMC 具有独特的黏合性、增稠性、悬浮性和含水性，因此广泛用于食品饮料工业。与其他稳定剂（如琼脂、海藻酸钠等）配合使用效果更好。应按生产需要适量使用。

3. 藻类稳定剂

藻类稳定剂包括海藻酸钠、卡拉胶（角叉菜胶)、琼脂、藻酸丙二醇酯等。

(1) 卡拉胶为白色或浅褐色颗粒或粉末，无臭或微臭，口感黏滑。能溶于 80℃左右的水，形成黏性、透明或轻微乳白色易流动的溶液。如果先用乙醇、甘油或饱和蔗糖水溶液浸湿，则较易分散于水中。与蛋白质反应起乳化作用，使已有的乳化液稳定。可作为增稠剂、澄清剂、乳化剂和稳定剂用于食品加工中。应按生产需要适量使用。

(2) 琼脂别名琼胶、洋菜、冻粉。琼脂为无色透明或类白色至淡黄色半透明细长薄片，或为鳞片状无色或淡黄色粉末，无臭，味淡，口感黏滑，不溶于冷水，溶于沸水。含水时柔软而带韧性，不易折断；干燥后发脆而易碎。在果酱生产中，使用琼脂可增加果酱的黏度。应按生产需要适量使用。

4. 微生物多糖类

黄原胶又称汉生胶，是微生物分泌的多糖类物质。产品为浅黄色到淡棕色粉末，稍有臭味。易溶于冷水和热水中，水溶液呈中性。遇水分散乳化成稳定的亲水性黏稠胶体，即使低浓度时黏度也很高，稳定性好，可作为增稠剂、乳化剂、悬浮剂等，在果汁饮料、果粒饮料、植物蛋白饮料等中使用，与CMC、海藻酸钠、卡拉胶及淀粉混合使用效果更好。应按生产需要适量使用。

三、着色剂

以食品着色为目的、使食品具有鲜艳的色彩的食品添加剂称为着色剂，又称为食用色素。一般水果在加工过程中都有一定程度的变色、褪色，所以，在加工时可添加一些色素，以补充、增加果品的色彩，着色剂对增进食欲也有一定的作用。食用色素分为食用天然色素和食用人工合成色素两大类。

1. 食用天然色素

食用天然色素是一种饮食成分，有些还具有一定的营养价值和药理作用，其安全性高于合成色素，因此，目前食用天然色素的研制和应用日益增多。但食用天然色素质量不易控制，稳定性比合成色素差，价格比较高，使用和发展受到一定的限制。食用天然色素按来源可分为植物色素、动物色素和微生物色素。主要有萝卜红、红曲红、姜黄素、红花黄、β—胡萝卜素等，下面主要介绍萝卜红和红曲红。

（1）萝卜红。以红心萝卜为原料，经清洗、切丝、压榨得到红色汁液。渣经酸性水溶液或乙醇水溶液抽提，得滤液。合并榨出的汁液及抽提的滤液，进行精制、干燥而得。萝卜红为深红色无定形粉末，易吸潮，吸潮后结块，一般不影响使用；易氧化，日光照射可促进其降解而褪色；易溶于水及乙醇水溶液，不溶于非极性溶剂；其溶液色调随介质 pH 值由 2 至 8 而依次呈现不同色彩，橙红→粉红→鲜红→蓝紫色。水溶液对热不稳定，随温度升高，降解加速，从而褪色，Cu^{2+} 可加速其降解，并使之变为蓝色，Fe^{3+} 可使本品溶液变为锈黄色，Mg^{2+}、Ca^{2+} 对其影响不大，Al^{3+}、Sn^{2+} 及抗坏血酸对它有保护作用。

萝卜红常用于蜜饯凉果、果蔬汁（肉）饮料、果冻及果酱等制品中。应按生产需要适量使用。

（2）红曲红。采用粳米或糯米将红曲霉、紫红曲霉接种培养而成，产生的红曲色素主要有三种，即黄色、橙色和红色，溶于氯仿呈红色，溶于热水、酸、碱、苯中为橙黄色。耐光耐热性强（耐热 100～150℃），对紫外光稳定，对蛋白质着色力强。经试验几乎无毒，用量不限，用于制果汁饮料、果酒及糖制品等。应按生产需要适量使用。

2. 食用人工合成色素

食用人工合成色素属煤焦油染料，是由煤焦油中所含的具有苯环或萘环的物质合成的。大多数对人体有害，必须进行严密的化学分析、毒理学试验和其他生物学试验后才能出售使用。食用合成色素一般较天然色素鲜艳，着色性和稳定性强，成本低廉，故广泛用于食品工业中。但它的使用剂量和种类都是受到国家标准的限制。用红、黄、蓝三种基本色素，可任意调制所需要的各种色泽。合成色素的种类不同，溶解性、稳定性、毒性等特性不相同，使用限量也不相同。目前允许使用的食用合成色素有苋菜红、胭脂红、柠檬黄、日落黄、靛蓝和亮蓝等几种，下面主要介绍苋菜红、日落黄和亮蓝。

（1）苋菜红。红褐色或暗红褐色均匀粉末或颗粒，无臭，耐光、耐热性（105℃）强，对柠檬酸、酒石酸稳定，在碱液中则变为暗红色。易溶于水，呈带蓝光的红色溶液，可溶于甘油，微溶于乙醇，不溶于油脂；遇铜、铁易褪色，易被细菌分解，耐氧化，还原性差。

苋菜红常用于蜜饯凉果、果蔬汁（肉）饮料、果冻及果酱等制品中。其最大使用量以 g/kg 为单位计，用量见表 1—4。

表 1—4　　苋菜红在果品制品中最大使用量　　(g/kg)

食品名称	最大使用量	食品名称	最大使用量
蜜饯凉果	0.05	果冻	0.05
果蔬汁（肉）饮料	0.05	果酱	0.3

(2) 日落黄。橙红色均匀粉末或颗粒，无臭。易溶于水(6.9%，0℃)、甘油、丙二醇，微溶于乙醇，不溶于油脂。水溶液呈黄橙色。吸湿性、耐热性、耐光性强。在柠檬酸、酒石酸中稳定，遇碱变带褐色的红色，还原时褪色。

日落黄常用于蜜饯凉果、果蔬汁（肉）饮料、果冻及果酱等制品中。其最大使用量以 g/kg 为单位计，用量见表 1—5。

表 1—5　　日落黄在果品制品中最大使用量　　(g/kg)

食品名称	最大使用量	食品名称	最大使用量
蜜饯凉果	0.1	果冻	0.025
果蔬汁（肉）饮料	0.1	果酱	0.5
加工坚果与籽粒	0.1	水果调味糖浆	0.5
西瓜酱罐头	0.1	装饰性果蔬	0.2

(3) 亮蓝。红紫色均匀粉末或颗粒，有金属光泽，无臭。易溶于水（18.7 g/100 mL，21℃），呈绿光蓝色溶液，溶于乙醇(1.5 g/100 mL，95%乙醇，21℃)、甘油、丙二醇。耐光性、耐热性强。对柠檬酸、酒石酸、碱均稳定。

亮蓝常用于凉果、果蔬汁（肉）饮料、果冻、果酱及加工坚果与籽粒等制品中。其最大使用量以 g/kg 为单位计，用量见表 1—6。

表 1—6　　亮蓝在果品制品中最大使用量　　(g/kg)

食品名称	最大使用量	食品名称	最大使用量
凉果	0.025	果冻	0.025
果蔬汁（肉）饮料	0.025	果酱	0.5
加工坚果与籽粒	0.025	水果调味糖浆	0.5

四、酸味剂

酸味剂是以赋予食品酸味为主要目的的一类食品添加剂。对于果品的独特风味，酸味剂起着重要的作用。酸味剂既能增加酸味，调节果品口味，促进消化液分泌，以增进食欲，又有助于溶解纤维素及钙、磷等物质。同时还有防腐、杀菌、辅助抗氧化剂的作用，并能调节食品的 pH 值。酸味剂通过在水中解离的氢离子对舌头味蕾产生作用，使人感到酸味。我国允许使用的酸味剂有柠檬酸、苹果酸、酒石酸、乳酸、富马酸、磷酸等。

1. 柠檬酸

柠檬酸为无色半透明结晶或粉末，无臭，在空气中易潮解，易溶于水和乙醇，熔点 133～154℃。柠檬酸酸味圆润爽口，有清凉感，呈酸快速，入口即可达最高酸感，但后味延续短。

柠檬酸可作为酸味剂和辅助抗氧化剂使用，通过添加柠檬酸可降低维生素 C 的消耗。主要用于果汁饮料、果酒、果酱、罐头的制品。在果品加工中，可按生产需要量加入，一般用量为 0.2%～0.35%。

2. 苹果酸

苹果酸为白色粉末，无臭，极易溶于水，溶于乙醇，不潮解，酸味爽口，略带刺激性苦涩味，其酸度是柠檬酸的 1.2 倍，在口中呈味时间长。与柠檬酸合用可取长补短，如果把 50%的苹果酸与 20%的柠檬酸混用，则效果更佳。苹果酸与人工合成的甜味剂混合使用具有掩蔽甜味剂不良口味的作用。

苹果酸为苹果的正常成分，摄取后对人体无任何影响，人体每日通过蔬菜水果可摄取1.5～3 g。在果品加工中可按正常需要量加入，一般用量为0.1%～0.55%。

3. 酒石酸

酒石酸为无色透明结晶、颗粒或白色粉末，酸味比柠檬酸和苹果酸强，是柠檬酸的1.2～1.3倍。熔点170℃，溶于水及乙醇。味尖酸，并有收敛性涩味。不易潮解，宜用于固体饮料、水果罐头、果酱等。与柠檬酸、苹果酸混合的使用效果更佳。用量为0.1%～0.2%。

4. 乳酸

乳酸为无色或淡黄色、透明、黏稠的液体，可以与水、乙醇混溶，酸味为柠檬酸的1.2倍，味质涩、软，有不愉快的收敛味。可用于果味乳酸饮料、发酵制品中，以增加风味和防腐，用量为0.05%～0.2%。

5. 磷酸

磷酸为无色、透明、黏稠的溶液，商品浓度为85%～98%。无臭，酸味强烈，是柠檬酸的2.3～2.5倍。在非果味碳酸饮料中，磷酸的酸味可以和植物的根、茎、叶、坚果的香气协调。通常用于可乐型碳酸饮料中，用量为0.045%～0.1%。

五、甜味剂

甜味剂是指以赋予制品甜味为主要目的的物质。食品添加剂中的甜味剂通常指一些具有甜味但并非糖类的化学物质，蔗糖、淀粉糖浆等通常不作为食品添加剂，而称为食品原料。甜味剂主要包括糖醇类，如山梨糖醇、木糖醇、麦芽糖醇、异麦芽糖醇等；非糖天然甜味剂，有甜叶菊苷、甘草、甘茶叶素、二氢查耳酮等；人工合成甜味剂，有甜蜜素、阿斯巴甜等。人工合成甜味剂有一定的毒性和副作用，在食品生产中的使用有一定的限制。糖醇类甜味剂和非糖天然甜味剂是低热能甜味剂和非营养型甜味剂，对肥胖病、高血压、糖尿病、龋齿等患者有积极作用，近年来日益受到重视。不同的甜味剂有不同的甜度，有的比蔗糖的甜度高十至数百倍，使用时应按使用限量和使用说明与蔗糖的甜度换算后添加。

1. 木糖醇

木糖醇是一种白色粉末状晶体，水中的溶解度大。入口有清凉的甜味，为蔗糖甜味的 80%，在人体中代谢不需要胰岛素，是糖尿病人理想的代糖品，木糖醇可有效地促进双歧杆菌的生长繁殖，抑制肠道腐败菌的生长，可刺激胰脏分泌胰岛素。

木糖醇常用于蜜饯凉果、果蔬汁（肉）饮料、果冻及果酱等果品制品中。应按生产需要适量使用。

2. 甘草

甘草的主要呈甜味成分为甘草甜素，甜度为蔗糖的 200～500 倍。显甜滞后，留甜时间长，但甜味不正，有药甜燥味，有增香的作用。甘草常用于蜜饯凉果，应按生产需要适量使用。

3. 甜蜜素

甜蜜素又称为环已基氨基磺酸钠，无吸湿性，易溶于水，对热、光、空气稳定，加热后微有苦味。甜味比蔗糖大 40～50 倍。持续时间长。甜蜜素是一种无能量甜味剂，主要用于烘焙坚果类、蜜饯凉果、果冻的生产中。其最大使用量以 g/kg 为单位计，用量见表 1—7。

表 1—7　　甜蜜素在果品制品中最大使用量　　(g/kg)

食品名称	最大使用量	食品名称	最大使用量
蜜饯凉果	1.0	果冻	0.65
凉果类、话化类（甘草制品）、果丹皮类	8.0	加工坚果与籽粒（瓜子）	2.0
脱壳加工坚果与籽粒	1.2	带壳加工坚果与籽粒	6.0

模块三　果品的营养价值及其在加工过程中的变化

一、果品的营养成分

多数果品含水量高，糖类含量不高，蛋白质很少，脂肪含量更低，故果品不能作为热能和蛋白质的来源。但它们富含多种维生素、丰富的矿物质及膳食纤维等，所以，果品在膳食中具有重要位置。

1. 水分

水分是植物完成生命活动的必要条件，对果品新鲜度、风味有重要的影响，果品含量最高的化学成分是水分，大多数果品含水量在80%～90%，部分果品可达95%以上。常见水果的含水量见表1—8。但果品在加工过程中会因为加工时间的延长而发生不同程度的失水，造成萎蔫、失重、鲜度下降，使果品的食用价值、商品价值受到影响。

表1—8　　常见水果的含水量

名称	水分（%）	名称	水分（%）	名称	水分（%）	名称	水分（%）
苹果	84.6	梅	91.1	柿	82.4	梨	89.3
葡萄	87.9	桃	87.5	杏	85.0	荔枝	84.8

2. 碳水化合物

碳水化合物是果品中干物质的主要成分，包括可溶性糖、淀粉、纤维素和半纤维素、果胶物质等。

（1）可溶性糖。可溶性糖是果品甜味的主要来源，也是构成其他化合物的成分。可溶性糖主要有蔗糖、葡萄糖和果糖。不同种类果品的含糖量差异很大，大多数水果含糖量在7%～18%之间。糖是重要的储能物质之一。果品在加工过程中，其糖分会因加工前处理中的淋洗、分割、漂烫等工艺环节而减少。

(2) 淀粉。淀粉又称多糖，是α一葡萄糖聚合物，主要存在于未成熟的果实中。果品中的香蕉含淀粉 26%、苹果含淀粉 1%~1.5%，其他果品含量较少。淀粉在果实成熟及后熟过程中，在酶的作用下，可转化为可溶性糖。

(3) 纤维素和半纤维素。纤维素和半纤维素是植物骨架物质细胞壁的主要成分，对组织起着支撑作用。纤维素在果蔬皮层中含量较多，在幼嫩时期是一种含水纤维素，在成熟过程中逐渐木质化和角质化，变得坚硬、粗糙，不宜食用。从果品品质来说，纤维素和半纤维素含量越少越好。纤维素和半纤维素在果品加工过程中大部分会在预处理时（手工、机械、碱液去皮等）清理掉。

(4) 果胶物质。果胶物质沉积在细胞初生壁和中胶层中，起着黏结细胞个体的作用，是果实普遍存在的高分子化合物。果胶物质以原果胶、果胶和果胶酸三种形式存在于果实中：未成熟的果蔬，果胶物质主要以原果胶存在，并与纤维素和半纤维素结合，不溶于水，将细胞紧密黏结，果实组织坚硬；随着果蔬成熟，原果胶在酶的作用下，逐渐水解而与纤维素分离，转变成果胶渗入细胞液中，细胞间即失去黏结，使组织松散，硬度下降；果胶在果胶酶的作用下分解成果胶酸，果胶酸没有黏性，使细胞失去黏着力，果实也随之发绵变软，储藏能力逐渐降低。

3. 有机酸

果品中的有机酸是其酸味的主要来源，其中柠檬酸、苹果酸、酒石酸含量较高。在水果储运中，有机酸由于呼吸作用的消耗而逐渐减少，特别是在氧气不足的情况下，消耗得就更多。如以气调法储藏水果，有机酸消耗大，会引起果品质逐渐变化，如苹果、番茄等储藏后由酸变甜。酸分变化会直接影响水果中酶的活动、色素物质变化和抗坏血酸的保存。

4. 色素物质

色素物质是决定果品色泽的重要因素，果品色泽在一定程度上反映了果品新鲜度、成熟度和品质变化，它是评价果品品质和判断成熟度的重要外观指标。

果品中的色素物质主要有叶绿素、类胡萝卜素、花青素和花黄素。果品的绿色是由于叶绿素的存在，大多数果实随着叶绿素含量降低，绿色消失，开始成熟。类胡萝卜素是一类脂溶性的色素，构成果品的黄色、橙色或橙红色，主要由胡萝卜素、叶黄素和番茄红素组成。类胡萝卜素常与叶绿素并存，成熟过程中叶绿素酶活性增强，叶绿素逐渐分解，类胡萝卜素显色。花青素是一类非常不稳定的糖苷型水溶性色素，一般在果实成熟时才合成，存在于表皮的细胞液中，花青素在酸性溶液中呈红色，在碱性溶液中呈蓝色，在中性中呈紫色，与金属离子结合时会呈现各种颜色，是果品红紫色的重要来源。

5. 单宁物质

单宁属高分子聚合物，构成其单体的为酚类物质。果品的涩味主要来自于单宁类物质，当单宁含量达 0.25%左右时就可感到明显的涩味，当含量达到 1%～2%时就会产生强烈的涩味。未成熟的果品单宁含量较高，食之酸涩，而一般成熟果实中可食部分的单宁含量通常在 0.03%～0.1%。

6. 芳香物质

果品的香味来源于各种芳香物质，它是决定果品品质的重要因素之一。芳香物质是成分繁多而含量极微的油状挥发性物质，醇、酯、醛、酮和萜类等化合物是构成香味的主要物质。芳香物质多在成熟时开始形成，进入完熟阶段时大量形成，产品风味也达到最佳状态，但芳香物质大多不稳定，在储运加工过程中很容易挥发分解。

7. 维生素类

维生素类是人和动物为维持正常的生理机能而必须从食物获

得的一类微量有机物质。果品是人体所需维生素的基本来源。其中以维生素 A 原（胡萝卜素）、维生素 C（抗坏血酸）为最重要。据报道，人体所需约 98%的维生素 C、57%维生素 A 来源于果蔬。

（1）维生素 A（原胡萝卜素）。水果含有大量的胡萝卜素，在动物的肠壁和肝脏中能转化为具有生物活性的维生素 A。1 分子 β—胡萝卜素在人体内可产生 2 分子维生素 A，而 1 分子 α—胡萝卜素和 1 分子 β—胡萝卜素只能形成 1 分子维生素 A。因此，胡萝卜素又被称为维生素 A 原。维生素 A 不溶于水，碱性条件下稳定，在无氧条件下，于 120℃下经 12 h 加热无损失。储存时应注意避光，减少与空气接触。杏、柑橘、黄桃、芒果等水果含有较多的胡萝卜素。

（2）维生素 C（L—抗坏血酸）。维生素 C 在体内主要参与氧化还原反应，在物质代谢中起电子传递的作用，可促进造血作用和抗体的形成。维生素 C 还具有促进胶原蛋白合成的作用，可防止毛细血管通透性、脆性的增加和坏血病的发生。维生素 C 易溶于水，很不稳定，易氧化，见光、受热易分解，在酸性条件下比在碱性条件下稳定。在避光、低温、低氧的储藏环境下，可减缓维生素 C 的氧化损失。维生素 C 在人体内无累积作用，因此，人们需要每天从膳食中摄取大量的维生素 C，而水果是人体维生素 C 的主要来源。不同水果的维生素 C 含量差异较大，含量较高的果品有鲜枣、山楂、猕猴桃、草莓和柑橘等。

8. *矿物质*

人体所需的矿物质主要来源于水果，水果中含有钙、磷、铁、硫、镁、钾、碘等矿物质。它们是保持人体生理功能必不可少的物质。人体缺钙会导致软骨病、骨质疏松等，缺铁会造成贫血等。矿物质在水果生理变化过程中起着非常重要的作用，一是作为催化剂，催化很多生理反应，二是作为水果生长发育过程中很重要的营养物质，一旦缺乏，则会发生各种生理病害。如苹果在生长中缺钙，会出现苦痘病；缺铁，出现黄叶病；缺钾，果实膨大，着色受影响；缺磷，果实色泽不鲜艳等。

9. 含氮化合物

水果中的含氮化合物主要是蛋白质和氨基酸，含量极低，一般只有1%～3%。有些氨基酸是具有鲜味的物质，谷氨酸钠是味精的主要成分，虽然果品中含氮物质很少，但对果品的品质风味有重要的影响。氨基酸是蛋白质的基础物质，提供人体中激素、酶、血液等所需的氮，也是骨骼的组成部分，又是生物缓冲液的重要成分，还有免疫效应。特别是果品中含人体所必需的氨基酸，这些氨基酸是人体不能制造的，但又是人体生命活动必不可少的。

10. 酶

酶是由生物活细胞产生的具有催化能力的蛋白质，水果中所有的生物化学作用都是在酶的参与下进行的。水果成熟、衰老中物质的合成与降解涉及众多的酶类，但主要有两大类，一是氧化酶类，包括抗坏血酸氧化酶、过氧化物酶、多酚氧化酶等；二是水解酶类，包括果胶酶、淀粉酶、蛋白酶等。抗坏血酸氧化酶对维生素C的含量有很大影响，过氧化物酶可防止有毒物质的积累，多酚氧化酶在植物受到伤害时促进发生褐变，果胶酶会影响果品的质地。

二、果品的营养成分在加工过程中的变化

水果一般需要经过加工才能延长其商品性，果品加工方法很多，大致可归纳为加热、盐渍、糖渍等，在这些物理、化学和生物因素的作用下，食品中原有的营养价值发生了积极或消极的变化。而果品在加工中由于营养成分的含量、稳定性等不同，营养价值有升有降，只有掌握全面系统的营养学知识，才能降低营养素的破坏和损失，最大限度地保留或提高食品的营养价值。

1. 果品加工前处理的影响

果品加工前必须进行清理、修整和漂洗处理。在果品加工前

处理中，营养素大量流失，特别是水溶性维生素和矿物质分别达60%和35%，果品切碎后维生素损失巨大；果品中铁的有效性在加工中也大幅度降低，一方面 Fe^{2+} 被氧化成 Fe^{3+}，另一方面可溶性铁与水果中的酸类结合成植酸铁和草酸铁，也使吸收使用率降低。

2. 热处理的影响

热处理对果品营养价值有积极和消极的影响。积极影响主要表现在加热使蛋白质变性，肽键展开，使淀粉颗粒膨胀，易受消化酶作用，从而提高消化率；可破坏果品中的酶、杀灭微生物，使营养物质免遭氧化分解和损失；可破坏食物中的天然有毒蛋白质等。消极影响主要表现在对氨基酸和维生素的破坏。一些人体必需的氨基酸受热破坏后不能被人体吸收利用，如赖氨酸、苯丙氨酸、丙氨酸和丝氨酸被破坏5%～17%，使生物效价下降；维生素破坏最显著，短时高温比长时低温损失少一些，热处理后迅速冷却可降低损失。

3. 碱处理的影响

在果品加工前处理过程中，许多果品去皮处理时所用的方法是碱液去皮，加入果品中的碱对蛋白质的影响很大，变化最多的氨基酸是赖氨酸、丝氨酸、胱氨酸和精氨酸。碱性条件还会使精氨酸、胱氨酸、色氨酸、丝氨酸、赖氨酸由L型转为D型，使营养价值下降；碱处理还会破坏维生素，特别是维生素B族和维生素C。

4. 脱水处理

脱水干燥使水果原料中的蛋白质结合水脱出，会引起蛋白质变性；脱水加工使原料中的维生素C损失最大，维生素B族和胡萝卜素较维生素A稳定；原料中的矿物质在脱水干燥中含量、性质都比较稳定。

模块四　加工过程中的物料计算

一、溶液浓度表示方法

在果品加工的过程中，从果品原料的清洗到制成品，每道工序都有不同浓度溶液的应用，溶液浓度，是指一定量的溶液或溶剂中所含溶质的量。《中华人民共和国法定计量单位》中要求统一用“物质B的浓度”或“物质B的物质的量浓度”表示溶液浓度。

1. 物质B的物质的量浓度定义：物质B的物质的量除以混合物的体积，符号为C，常以mol/L表示。

2. 以质量、容量单位表示：表示为克每升（g/L）、毫克每毫升（mg/mL）。

3. 几种固体试剂的混合质量份数或液体试剂的混合体积份数可表示为（1+1）、（4+2+1）等。

4. 常用的还有质量浓度（固体溶质占总溶液的质量百分数）和体积浓度（液体溶质占总溶液的体积百分数），一般均表示为%。

二、糖液、酸液测定与配制

糖液、酸液测定与配制，在果汁、果酱、果脯蜜饯的加工工序中均占有重要位置。

1. 糖度与酸度测定

（1）果实糖度测定。手持糖度计的结构如图1—6所示，使用方法如图1—7所示。使用前应先用蒸馏水对仪器进行校正：掀开照明棱镜盖板，用镜头纸将折光棱镜拭净，滴2滴蒸馏水；合上照明棱镜盖板，将仪器进光窗对向光源或明亮处，调节校正螺钉，将视场分界线校正为0%处；然后把蒸馏水拭净，准备测定样品液。取2滴果汁液，置于折光棱镜面上，按蒸馏水校正仪器的步骤进行测试。视场中所见明暗分界线相应的读数，即为被测果汁平均可溶性固形物含量的百分数。利用手持式折光仪测定果品中的可溶性固形物含量，可大致表示果品的含糖量。

当被测试液可溶性固形物含量低于50%时，转动旋钮，使在目镜视场上的分划尺为0～50，视场上明暗分界线相应的刻度，即为可溶性固形物的百分含量。若可溶性固形物含量高于50%，则应转动旋钮，使目镜视场中所见的刻度范围为50～80，视场内明暗分界线相应的刻度读数即为被测试样的可溶性固形物的含量。

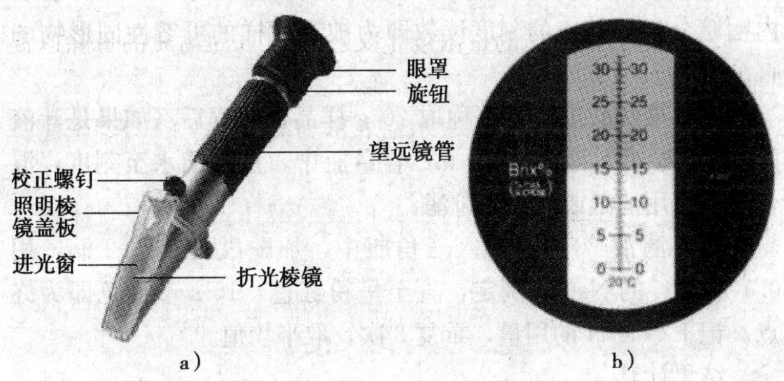

图1—6 手持糖度计的结构

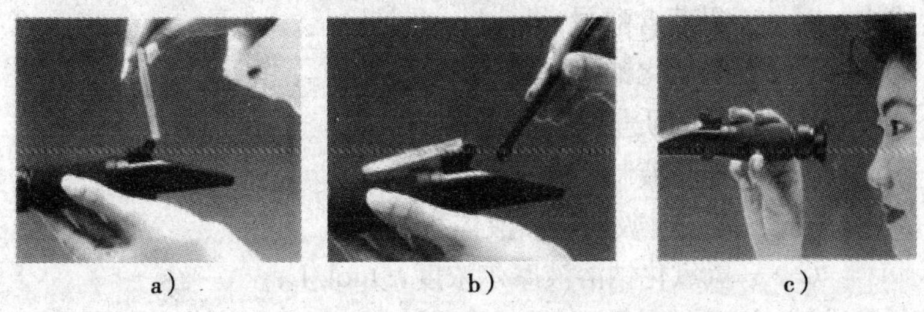

图1—7 手持糖度计的使用方法

（2）糖液浓度的测定。与上面的方法基本相同。测定的具体方法是：打开照明棱镜盖板，用柔软的绒布仔细地将折光棱镜擦干净；取糖液 1～2 滴，滴于折光棱镜的镜面上，合上照明棱镜盖板，使溶液遍布于棱镜表面。将仪器进光窗对向光源，调节目镜视度圈，使视野内分划线清晰可见。所见的明暗分界线处的相应读数，即为溶液含糖量的百分数。

当被测液含糖量低于 50%，则应将旋钮转动，使在目镜视场上的分划尺为 0～50，视场上明暗分界线相应的刻度即为可溶性固形物的百分含量。若可溶性固形物含糖量高于 50%，则应转动旋钮，使目镜视场中所见的刻度范围为 50～80，视场内明暗分界线相应的刻度读数即为被测试样的可溶性固形物的百分含量。

（3）果实酸度测定。称取 20 g 样品，研碎后（如果是汁液则不需要研碎），注入 200 mL 容量瓶中，加蒸馏水至刻度，混合均匀，用滤纸或脱脂棉过滤。

吸取滤液 20 mL 放入三角瓶中，加酚酞指标剂 2 滴，用 0.1 mol/L 的 NaOH 滴定，直至呈粉红色，15 s 不退色即为终点。记下 NaOH 的用量，重复 3 次，取平均值。

结果计算

$$X=\frac{VCK}{b}\times\frac{B}{A}\times 100\%$$

式中 X——果蔬含酸量，%；

V——氢氧化钠溶液用量，mL；

A——样品质量，g；

B——样品液制成的总体积，mL；

b——滴定时吸取样品液体积，mL；

C——氢氧化钠溶液摩尔浓度，mol/L；

K——折算系数。

仁果类、核果类主要含苹果酸，其折算系数为 0.067；柑橘类主要含柠檬酸，其折算系数为 0.064；葡萄主要含酒石酸，其折算系数为 0.075。

2. 糖液、酸液配制

(1) 糖液浓度的调配。用水和白砂糖直接配制糖液比较简单，如配 45%浓度的糖液，即称取 45 kg 糖，加入 55 kg 水即可。但用浓糖液稀释或用稀糖液配成浓糖液则较为复杂。首先应测出糖液的准确浓度，再按所需浓度进行计算，然后实际调配。最简便的方法是十字交叉计算法，方法是将需要配制的浓度写在中间，高浓度糖液写在左上方，水或稀浓度糖液写在左下方，左边上下两数与中间之数分别用大数减小数，所得之差分别填入右下方和右上方，右上方为高浓度糖液需要分量，右下方为稀糖液或水的需要分量，将两者按上述比例调配，即得到所需浓度的糖液。

1) 浓糖液稀释的计算

例：70%的浓糖液需稀释至 40%的浓度，浓糖液和水各需多少？

计算：(高浓度糖液) 70…→40 (高浓度糖液需要分量)

\ /

40 (需要配制的糖液浓度)

/ \

(水) 0…→30 (需加水量)

70－40＝30

40－0＝40

大数减去小数，得数即为所需浓糖液需要分量及需加水的量。上式中，水 30 份，70%浓度的糖液为 40 份，即 3∶4 (质量比)，混合后即可得到浓度为 40%的糖液。

2) 不同浓度的糖液混合计算

例：现有 60%及 30%两种浓度的糖液，配成 40%浓度的糖液需两种糖液各多少？

计算：（高浓度糖液）60…→10（高浓度糖液需要量）

\ /

40（需要配制的糖液浓度）

/ \

（低浓度糖液）30…→20（低浓度糖液需要量）

60－40＝20

40－30＝10

大数减去小数，得数即为两种浓度的糖液需要量。上式中，30％浓度的糖液20份与60％浓度的糖液10份相混合，即2：1（质量比），即得到浓度40％的糖液。

（2）酸液配制与上同。

三、水分的测定

水分是评价食品品质的重要项目之一，对食品中的水分进行分析检验，可以了解食品水分含量状况，保持食品的稳定性、保藏性和组织形态，同时对计算生产中的物料平衡、实行工艺控制与监督等都具有重要的意义。

食品中水分含量的测定方法很多，如直接干燥法、减压干燥法、红外线干燥法、卡尔·费休法、蒸馏法、电导法、近红外分光光度法、气相色谱法及微波炉法等。采用哪种方法与试样的性质、国际标准及国家标准有关。一般果品制品（如水果干制品等）的水分测定均采用国标第一法——直接干燥法。

【原理】

食品中的水分一般是指在（100±5)℃直接干燥的情况下所失去物质的总量。食品中的水分在（100±5)℃条件下，受热后产生的蒸汽压高于空气在电热干燥箱中的分压，使食品中的水分蒸发出来，根据试样前后所减失的质量来计算水分含量。

【仪器】

1. 扁形铝制或玻璃制称量瓶

标准为内径60～70 mm，高35 mm以下。

2. 电热恒温干燥箱

【试剂】

1. 盐酸（1+1）：量取 100 mL 盐酸，加水稀释至 200 mL。

2. 氢氧化钠溶液（240 g/L）：称取 24 g 氢氧化钠，加水溶解并稀释至 100 mL。

3. 海沙：取用水洗去泥土的海沙或河沙，先用盐酸（1+1）煮沸 0.5 h，用水洗至中性，再用氢氧化钠溶液（240 g/L）煮沸 0.5 h，用水洗至中性，经 105℃干燥备用。

【操作方法】

1. 固体试样

取洁净铝制或玻璃制的扁形称量瓶，置于（100±5)℃恒温干燥箱中，瓶盖斜支于瓶边，干燥 0.5～1 h，取出盖好，置于干燥器内冷却 0.5 h，称量，并重复干燥至恒量。称取 2～10 g 切碎或磨细的试样，放入此称量瓶中，试样厚度约为 5 mm。加盖，精密称量后，置于（100±5)℃恒温干燥箱中，瓶盖斜支于瓶边，干燥 2～4 h 后，盖好取出，放入干燥器内冷却 0.5 h 后再称量。然后再放入（100±5)℃干燥箱中，干燥 1 h 左右取出，放入干燥器内冷却 0.5 h 后再称量。至前后两次质量差不超过 2 mg，即为恒量。

2. 半固体或液体试样

取洁净的蒸发皿，内加 10 g 海砂及一根小玻璃棒，置于（100±5)℃干燥箱中，干燥 0.5～1 h 后取出，放入干燥器内冷却 0.5 h 后称量，并重复干燥至恒量。然后精密称取 5～10 g 试样，置于蒸发皿中，用小玻璃棒搅匀放在沸水浴上蒸干，并随时搅拌，擦去皿底的水滴，置于（100±5)℃干燥箱中，干燥 4 h 后盖好取出，放入干燥器内冷却 0.5 h 后称量。然后再放入（100±5)℃干燥箱中，干燥 1 h 左右取出，放干燥器内冷却 0.5 h 后再称量。至前后两次质量差不超过 2 mg，即为恒量。

【结果计算】

$$X=\frac{m_1-m_2}{m_1-m_3}\times 100\%$$

式中 X——试样中水分的含量，%；

m_1——称量瓶（或蒸发皿加海砂、玻璃棒）和试样的质量，g；

m_2——称量瓶（或蒸发皿加海砂、玻璃棒）和试样干燥后的质量，g；

m_3——称量瓶（或蒸发皿加海砂、玻璃棒）的质量，g。

计算结果保留三位有效数字。在重复性条件下获得的两次独立测定结果的绝对差值不得超过算术平均值的5%。

【说明及注意事项】

1. 此法为GB/T 5009.3—2003《食品中水分的测定》标准第一法。适用于不含或含其他挥发性物质甚微的食品，测得的水分包括微量的芳香油、醇、有机酸等挥发性物质。本法不适宜用于胶体、高脂肪、高糖食品及含有较多的高温易氧化、易挥发的食品。

2. 测定时试样称样量一般控制在其干燥后的残留物质量在1.5～3 g。

3. 称量器皿可分为玻璃称量瓶和铝制称量盒。玻璃称量瓶能耐酸碱，不受样品性质的限制，常用于常压干燥法；铝制称量盒导热性强，但对酸性食品不适宜，常用于减压干燥法。

4. 干燥温度一般控制在（100±5)℃，对热稳定的谷类，可提高到（125±5)℃范围内；对还原糖含量较高的食品应先用低温（55±5)℃干燥0.5 h，然后再用（100±5)℃干燥。

5. 当从恒温干燥箱中取出干燥后的试样时，应迅速放入干燥器中进行冷却，否则不易达到恒量。干燥器内的硅胶蓝色减退或变红时，应及时更换，于135℃左右烘干2～3 h，使其再生呈蓝色后再用。

6. 加入海沙，是为了增大受热与蒸发面积，防止食品结块，加速水分蒸发，缩短分析时间。

7. 水分蒸净与否无直观指标，只能依靠恒量来判断。恒量是指两次烘烤称量的质量差不超过规定的毫克数，一般不超过 2 mg。

四、酸度的测定

食品中的酸类物质构成食品的酸度。其中包括有机酸、无机酸、酸式盐及某些酸性有机化合物。这些酸类物质有的是食品本身固有的，如果蔬中含有的苹果酸、柠檬酸、酒石酸、醋酸、草酸等；有的是外加的，如配制型饮料中加入的柠檬酸；有的是发酵而产生的，如食醋中的醋酸、酸奶中的乳酸等。食品中的酸性物质影响食品的香味、颜色、稳定性和质量的优劣。因此，测定食品中的酸度具有以下意义。

1. 可判断果蔬的成熟程度和品质

如果葡萄所含的苹果酸高于酒石酸时，说明葡萄还未成熟，因为葡萄在未成熟期所含的酸主要是苹果酸，随着果实的成熟，苹果酸的含量减少，而酒石酸的含量增加。番茄在成熟过程中，总酸度从绿熟期的 0.94％下降到完熟期的 0.64％，同时糖的含量增加，糖酸比增大，具有良好的口感。

2. 可判断食品的新鲜程度

新鲜牛奶中的乳酸含量过高，说明牛奶已腐败变质；水果制品中有游离的半乳糖醛酸，说明受到霉烂水果的污染；番茄制品、啤酒等乳酸含量高时，说明这些制品已由乳酸菌引起腐败。

3. 酸度反映食品的质量指标

新鲜的油脂常常是中性的，随着脂肪酶水解作用的进行，油脂中游离脂肪酸的含量不断增加，油脂中游离脂肪酸含量的多少，是品质好坏和精炼程度的重要指标之一。水果发酵制品、啤酒等含乳酸高时，说明这些制品已由乳酸菌而产生腐败。

4. 食品中酸类物质的防腐作用

当 pH 值小于 2.5 时，一般除霉菌外，大部分微生物的生长都受到抑制，将醋酸控制在 6%时，可有效地抑制腐败菌的生长。

5. 食品中的酸对人类健康有重要作用

食品中的酸对维持人体体液的酸碱平衡方面起着显著的作用。人体体液的 pH 值为 7.3～7.4，如果人体体液的 pH 值过大，就要抽筋，过小则又会发生酸性中毒，可以通过食用酸碱性食品进行调节。水果及制品还有刺激食欲、促进消化的作用。

【原理】

食品中的有机弱酸用标准碱溶液进行滴定的过程中，使有机弱酸被碱中和生成盐类。

$$RCOOH + NaOH \rightarrow RCOOHNa + H_2O$$

以酚酞作为指示剂，滴定至溶液呈淡红色，30 s 不褪色为滴定终点。根据所消耗标准碱溶液的量，计算出试样中总酸度的含量。

【仪器】

1. 组织捣碎机。
2. 水浴锅。
3. 滴定仪。

【试剂】

1. 氢氧化钠标准溶液（0.1 mol/L）。
2. 酚酞指示剂（10 g/L）：称取 1 g 酚酞溶解于 100 mL95%乙醇中。

【操作方法】

用小烧杯称取粉碎并混合均匀的试样 25 g，用 150 mL 无 CO_2 蒸馏水将试样移入 250 mL 容量瓶中，在 75～80℃的水浴上加热 0.5 h，冷却，定容，干滤，弃去最初滤液 25 mL，收集滤液备用。

用移液管吸取滤液 50 mL，于 250 mL 锥形瓶中，加入酚酞指示剂2滴，用0.1 mol/L氢氧化钠标准溶液滴定至呈微红色，30 s内不退色即为终点，记录消耗0.1 mol/L氢氧化钠标准溶液的体积。

【结果计算】

$$X=\frac{c\times V\times K}{m}\times\frac{V_0}{V_1}\times 100\%$$

式中 X——食品中总酸度含量，%；

c——氢氧化钠标准溶液的浓度，mol/L；

V——消耗氢氧化钠标准溶液的体积，mL；

m——试样的质量，g；

V_0——试样稀释液总体积，mL；

V_1——滴定时吸取样液体积，mL；

K——换算成适当酸的系数。其中，苹果酸为0.067，醋酸为0.060，酒石酸为0.075，乳酸为0.090，柠檬酸（含1分子水）为0.070。

【说明及注意事项】

1. 样品处理

（1）固体试样，粉碎混匀；若是果蔬及其制品，需去皮、去柄、去核后，切成块状，置于组织捣碎机中捣碎并混匀。

（2）含CO_2的饮料、酒类，将试样置于40℃水浴上加热30 min，以除去CO_2，冷却后备用。

（3）不含CO_2的饮料、酒类或调味品，混匀后直接取样，若试样浑浊，则需过滤。

2. 食品中总酸度的表示方法是以食品中最多的酸来表示。例如，柑橘类及制品以柠檬酸来表示，葡萄及制品以酒石酸来表示，苹果、核果类及制品和蔬菜以苹果酸来表示，酒类、调味品以乙酸来表示。

3. 若滤液带有颜色、颜色过深或浑浊的样液，应采用电位滴定法来指示终点。

第二单元　原料加工前处理

培训目标

1. 了解果类的分级标准，掌握果类挑选方法。
2. 掌握各种果品规范的去皮、切分、热处理方法。
3. 掌握热处理终点的判断。

模块一　挑选分级

一、分级方法

为了保证果品品质相同，适应机械化操作的需要，便于按同一工艺条件加工，水果原料进入加工厂后首先要进行挑选，其目的是剔除霉烂、受到病虫害的和机械伤口大的果实，对残果、次果以及损伤不严重的水果原料要分别加工利用。挑选主要是在固定的工作台或传送带上进行人工感官检查。选果人员必须用手来挑选，以便看到果实的完整状态，剔除残次果及坏果，即挑选剔除太小的、腐烂的、受损的次果或不能加工食用的坏果。工作台或传送带上的良好光线有助于选果者发现不合格的水果，为避免选果人员眼睛过度疲劳，应选择与水果颜色反差大的工作台面或传送带，如图 2—1 和图 2—2 所示。

水果一般按大小、色泽和成熟度进行分级，根据水果原料的种类和加工产品的特性要求，分别采用一种或多种分级方法，以便机械化操作，提高生产效率，保证产品质量并得到品质一致的

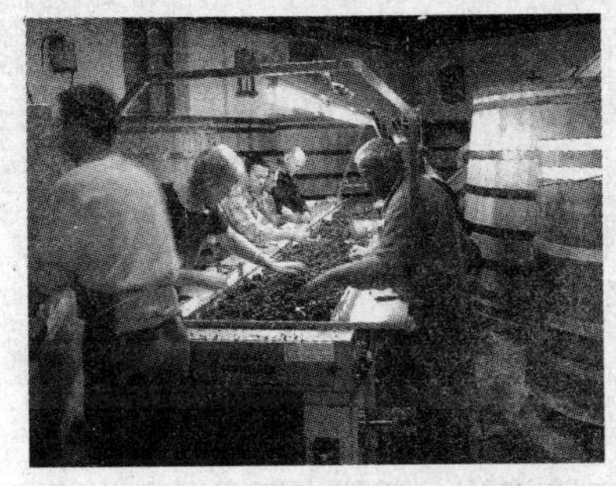

图 2—1　酿酒葡萄的挑选

图 2—2　柑橘的挑选

产品。成熟度与色泽的分级常用目视估测法进行。苹果、梨、桃、杏、樱桃、柑橘等常先按成熟度分级，大部分按低、中、高三级进行目视分级。水果常按颜色深浅进行分级，除目测外，也可用灯光法和电子测定仪装置进行色泽分辨选择。除了在预处理前需要分级外，大部分罐藏水果在装罐前也要按色泽分级；无须保持形态的制品（如水果汁、果酒、果酱等），不需要进行形态及大小的分级；其他的水果加工则均按大小分级，其方法有手工分级和机械分级两种。

手工分级是最常用的分级方法，一般在生产规模不大或机械设备条件较差时使用，适用于形状不规则和易受伤产品（如草莓、蓝莓等）的分级。当然，形状规则产品（如苹果、柑橘等）也可以人工分级。同时可配以简单的辅助工具，如圆孔分级板、分级筛及分级尺等，以提高生产效率。手工分级有感官分级（目测分级）和选果板分级两种。感官分级是以人的视觉判断作为分级的定性标准，没有分级设备或采用比色卡为参考设备，效率较低，视觉误差大，有很大的人为性和灵活性，但机械伤较少。成熟度分级也常用目视估测的方法，在果品加工中，桃、梨、苹果等常常进行成熟度分级。选果板分级是利用带有不同孔径的选果板对水果产品进行分级，它是一种将分级标准实物化的分级方法，选果板分级比较规范，受人为因素影响较小，适于球形果实的分级。

机械分级是先进的分级方法，常与选别、清洗、干燥、打蜡、包装等同时进行。

目前，机械分级通常利用按果品形状（如大小、长度等）和质量分选的装置来筛分。如滚筒分级机（见图2—3）、振动分级机（见图2—4）及分离输送机就是当果品通过由小逐级变大的缝隙或筛孔时，小的先分选出来，大的后出来而达到分级目的的。果品的颜色与成熟度、品质密切相关，近年来开发的颜色分选机就是按色泽的深浅对果品进行分级的。颜色分选机利用彩色摄像机和计算机处理RG（红、绿）二色型装置，可用于柑橘和柿子的分选，根据果品表面反射的红色光和绿色光的相对强度判断果实成熟度。表面损伤的判断是将图像分割成若干小单位，根据分割单位反射光强弱算出损伤面积。此外，水果加工中还有许多专用分级机，如橘片专用分级机、菠萝分级机等。

图2—3　滚筒分级机

图2—4　振动分级机

由于产品外形存在一定的差别，同时完成多项操作的自动化处理有困难，因此，常采用人工与机械相结合的方法进行分级，如图 2—5、图 2—6 所示。

图 2—5　人工与滚筒分级相结合

图 2—6　人工与质量分级相结合

无论是手工分级还是机械分级，都要尽量避免损伤果品组织。

二、等级标准

等级标准分为国际标准、国家标准、协会标准和企业标准。我国把水果标准分为四级，即国家标准、行业标准、地方标准和企业标准。

我国现有的果品质量标准有 16 个，其中鲜苹果、鲜梨、柑橘、香蕉、鲜龙眼、核桃、板栗、红枣等都已制定了国家标准。此外，还制定了一些行业标准，如香蕉销售标准、梨销售标准、出口鲜甜橙标准、鲜宽皮柑橘标准、鲜柠檬标准等。

我国水果的分级标准是在果形、新鲜度、颜色、品质、病虫害和机械伤等方面已符合要求的基础上，根据果实横径最大部分的直径分为若干等级。

我国出口鲜苹果的等级规格见表2—1、表2—2。

表2—1　　我国出口鲜苹果的等级规格

等级	规格	限度
AAA （特级）	1. 有本品种果形特征，果柄完整 2. 具有本品种成熟度时应有的色泽，各品种最低着色度应符合表2—2规定 3. 大型果实横径不低于65 mm，中型果实横径不低于60 mm 4. 果实成熟，但不过熟 5. 红色品种微碰伤总面积不超过1.0 cm^2，其中最大面积不超过0.5 cm^2，不得有其他缺陷和损伤	总不合格果不超过5%
AA （一级）	1. 有本品种果形特征，果柄完整 2. 具有本品种成熟度时应有的色泽，各品种最低着色度应符合表2—2规定 3. 大型果实横径不低于65 mm，中型果实横径不低于60 mm 4. 果实成熟，但不过熟 5. 缺陷与损伤：轻微碰伤总面积不超过1 cm^2，其中最大面积不超过0.5 cm^2，轻微枝叶摩伤，其面积不超过1 cm^2。金冠品种的锈斑面积不超过3 cm^2。水锈和蝇点面积不超过1 cm^2。未破皮雹伤2处，总面积不超过0.5 cm^2，红色品种桃红色的日灼伤面积不超过1.5 cm^2，黄绿品种白色灼伤面积不超过1 cm^2。不得有破皮伤、虫伤、病害、萎缩、冻伤和瘤子	总不合格果不超过10%

续表

等级	规格	限度
A （二级）	1. 有本品种果形特征，带有果柄，无畸形 2. 具有本品种成熟度时应有的色泽，各品种最低着色度应符合表 2—2 规定 3. 大型果实横径不低于 65 mm，中型果实横径不低于 60 mm 4. 果实成熟，但不过熟 5. 缺陷与损伤总面积、摩伤、水锈和蝇点、日灼面积标准同 AA 级。轻微药害面积不超过 1/10，轻微雹伤总面积不超过 1 cm^2。干枯虫伤 3 处，每处面积不超过 0.03 cm^2。小疵点不超过 5 个。不得有刺伤、破皮伤、病害、萎缩、冻伤、食心虫伤和已愈合的其他面积不大于 0.03 cm^2	总不合格果不超过 10%

注：本表摘自 GB 10651—1989。

表 2—2　我国出口鲜苹果各品种、等级的最低着色度

品种	AAA	AA	A
元帅类	90%	70%	40%
富士	70%	50%	40%
国光	70%	50%	40%
其他同类品种	70%	50%	40%
金冠	黄或金黄色	黄或黄绿色	黄、绿黄或黄绿色
青香蕉	绿色不带红晕	绿色，红晕不超过果面 1/4	绿色、红晕不限

模块二　清　洗

一、清洗的要求

清洗的目的是洗去水果原料表面附着的灰尘、泥沙、大量的微生物及部分残留的化学农药，保证产品清洁卫生，从而保证产品品质。

清洗用水应符合饮用水标准。清洗前应用水浸泡，必要时可用热水浸渍，但不适于成熟度高、柔软多汁的原料。原料上残留的农药，还必须用化学药剂洗涤。一般常用的化学药剂有0.5%～1.5%盐酸溶液、1.5%氢氧化钠、0.1%高锰酸钾或0.1%（600 mg/kg）漂白粉等。浸泡数分钟再用清水洗去化学药剂。洗涤时必须采用流动水或使果品原料振动及相互摩擦，以便提高洗涤效果。除上述常用药剂外，还使用含有一些脂肪酸系列的表面活性剂的洗涤剂（如单甘酸酯、磷酸盐、糖脂肪酸酯、柠檬酸钠等）也用于生产。

二、清洗方法

清洗方法分为人工清洗和机械清洗。清洗方法应根据工厂实际生产设备条件、果品原料形状、质地、表面状态、污染程度、夹带泥土量及加工方法等而定。洗涤时间不宜过长，并最好采用流水冲洗。

机械清洗的设备主要有水槽清洗机（见图 2—7）、冲浪式洗果机、振动喷淋清洗机（见图 2—8）、鼓风式清洗机、浸泡喷洗机、转筒式洗涤机、毛刷式洗果机（见图 2—9）等，它们的原理都是先将原料浸泡于水中，使泥沙杂物在水的浸泡下变得松脱，然后受到高压水流的喷射或一定频率振动，将原料表面的附着物冲刷掉而达到清洗的目的。

图 2—7 水槽清洗机

苹果等具有光滑表面的较硬皮水果原料一般可以采用洗果槽（池）来完成清洗，按照作业要求水果应在浸泡槽中停留一段时间，但一定要注意果实的浸没与翻动。分离污染物质和杂物时，适当搅拌果实并使之相互碰撞，可以改善清洗效果。核果类水果的清洗方法有流槽清洗、刷洗、喷淋等，一般几种方法结合起来使用。柑橘类水果的清洗往往是先将果实在添加过表面活性物质的清洗水中略加浸泡，然后在刷式水果清洗机中用机械方法清洗。

图 2—8 振动喷淋清洗机

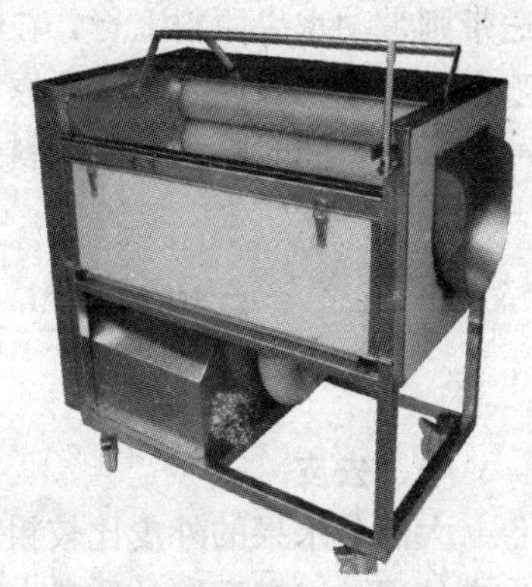
图 2—9 毛刷式洗果机

以浸泡喷洗机为例介绍水果清洗设备的工作原理，如图 2—10 所示。

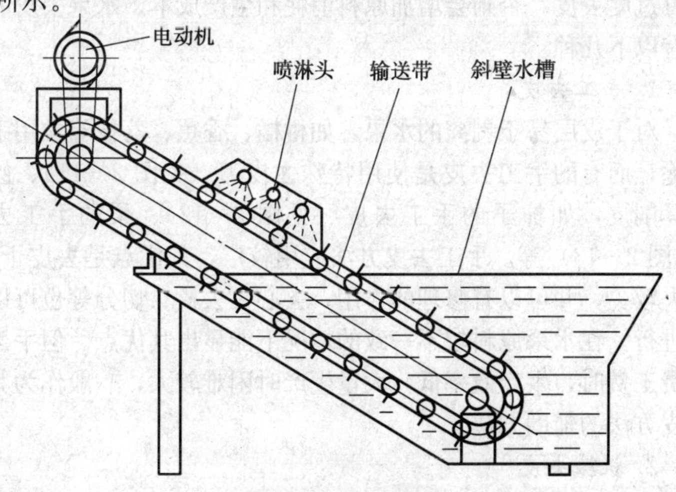

图 2—10 浸泡喷洗机

浸泡喷洗机是借助高压水流喷射的作用来洗涤水果原料的，如苹果、梨、李、金橘、香瓜、樱桃、橄榄等。在清洗水果原料时，先将斜壁水槽4中注满洗涤用水，再倒入需清洗的水果原料，经过一定时间浸泡后，开动传动装置，使输送带3运转，输送带则带动水果原料上行，在喷淋区内高压水流从喷淋头2直接喷向水果原料表面，将水果原料表皮上沾染的泥沙、尘土等杂质冲洗干净，同时除去水果原料上沾染的农药。

模块三 预 处 理

一、去皮

大部分水果的外皮比较粗糙、坚硬，因此，在加工时要进行去皮处理，以提高制品质量。只有加工某些果脯、蜜饯、果汁和果酒时，因为要打浆、压榨或其他原因才不用去皮。

水果去皮时，只要求去掉不可食用或影响产品质量的部分，不可过度去皮，否则会增加原料消耗和生产成本。水果去皮的方法有以下几种。

1. 手工去皮

对于皮层易于剥离的水果，如柑橘、香蕉、荔枝等常用手工剥除，而有的手工去皮是使用特殊去皮刀（见图2—11)、刨等工具削皮，如柿子的手工去皮（见图2—12)、梨的手工去皮（见图2—13）等。手工去皮方法应用较广，其优点是去皮干净，损失较少，并可以有修理的作用，去心、去核、切分等也可以同时进行。在水果原料较不一致的情况下能显出其优点。但手工去皮费工费时，生产效率低，大量生产时困难较大，一般作为其他去皮方法的辅助方法。

2. 机械去皮

常用的机械去皮机主要有旋皮机、擦皮机和特种去皮机

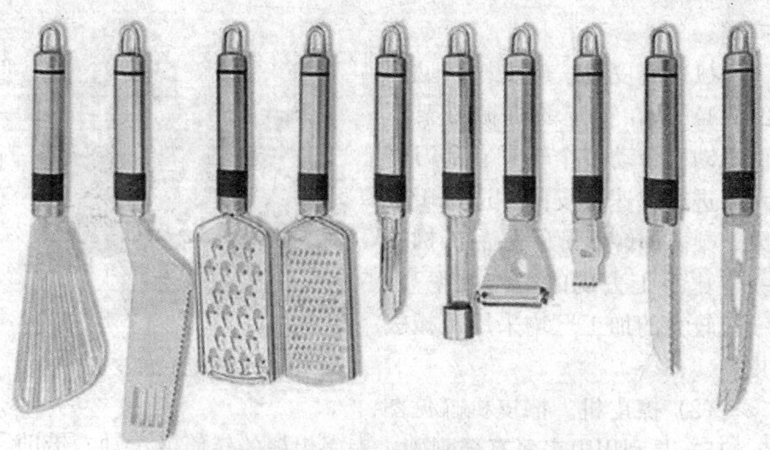

图 2—11　特殊去皮刀

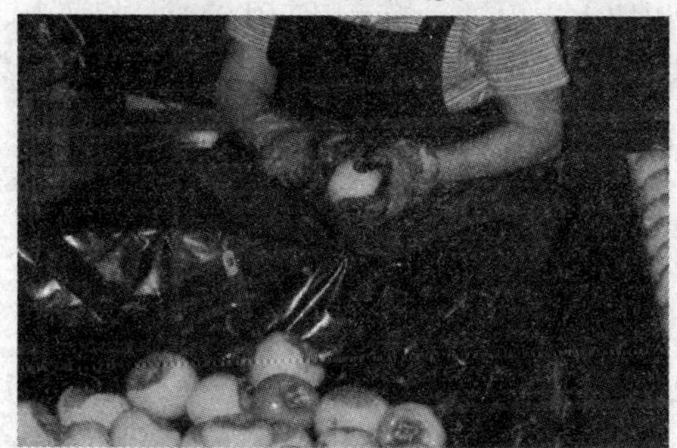

图 2—12　柿子的手工去皮

图 2—13　梨的手工去皮

三类。

(1) 旋皮机。旋皮机(见图2—14)是在特定的机械刀架下由电动机带动多个转子、刮刀将水果进行快速去皮的。适用于苹果、梨、柿、菠萝等果品。机械去皮比手工去皮的工作效率高，一般较大的加工厂均采用机械去皮。

图 2—14 机械旋皮机

(2) 擦皮机。擦皮机(见图2—15)是利用内表面有金刚砂、表面粗糙的转筒或滚轴，借助摩擦力的作用擦去表皮。一般适用于马铃薯、胡萝卜、荸荠、芋头等的去皮，一般水果应用较少，使用擦皮机效率较高，但去皮后表皮不光滑，有时还需要进一步修整。

图 2—15 滚筒擦皮机

(3) 特种去皮机械。对于菠萝，可用菠萝通芯去皮机(见图2—16)去皮，使去皮、切端、通心、挖去芽眼一次完成，得到圆柱形菠萝果；对于石榴，可用石榴剥皮分离机(见图2—17)去皮，石榴从进料斗进入后，经过两道挤压基本达到皮籽分离。

图 2—16　TQPJ－1 四道菠萝通芯去皮机

图 2—17　BFJ 型石榴剥皮分离机

3. 碱液去皮

碱液去皮是应用最广的水果原料去皮方法。将水果原料浸泡在一定浓度和温度的强碱溶液中处理一定的时间，使水果原料表皮内的中胶层受碱液的腐蚀而溶解，从而使果皮果肉分离。绝大部分水果（如桃、李、苹果等）可以用碱液去皮。常用的碱液为氢氧化钠，因为其价格低廉且腐蚀性强，得到广泛应用；碱液中常加入表面活性剂如2－乙基已基磺酸钠，使碱液分布均匀以帮助去皮。去皮时碱液的浓度、温度和处理的时间，因水果种类、品种、成熟度和大小不同而异，必须合理掌握。几种水果的碱液去皮参考条件见表2—3。如果碱液浓度高、温度高，处理时间长会腐蚀果肉；反之，如果碱液浓度低，温度低，处理时间短，则会去皮不完全，给后续工艺造成不良影响。一般要求只去掉果皮而不能伤及果肉，对每一批原料都应该做预备试验，确定处理的浓度、温度和时间。

表2—3　　几种水果的碱液去皮参考条件

水果种类	NaOH浓度（%）	碱液温度（℃）	处理时间（min）	备注
桃	1.5～3	90～95	0.5～2	浸碱或淋碱
李	5～8	90以上	2～3	浸碱
杏	3～6	90以上	0.5～2	浸碱或淋碱
猕猴桃	5	95	2～5	浸碱
苹果	20～30	90～95	0.5～1.5	浸碱
梨	0.3～0.75	30～70	3～10	浸碱
番茄	15～20	85～95	0.3～0.5	浸碱

碱液去皮的方法有浸碱法和淋碱法两种。浸碱法是将一定浓度的碱液装入特制的容器内，加热到一定的温度后，再将果实浸入并振荡或搅拌一定的时间，使原料浸碱均匀，取出后经搅动、摩擦，达到去皮目的。淋碱法是将一定温度的热碱液喷淋于碱液去皮机（见图2—18）输送带上水果的表面，淋过碱的水果进入转筒内，在转筒内与筒壁或原料之间相互摩擦、翻滚而达到去皮目的，再用传送带载至清水喷头下完成去皮工序，杏、桃等果实

常用此法去皮。

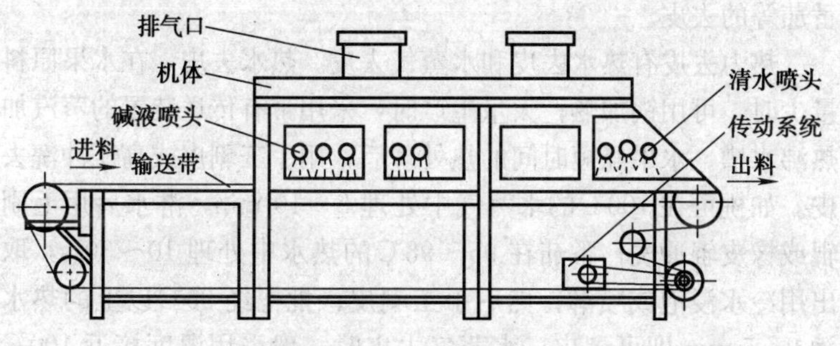

图 2—18　碱液去皮机

而对于坚果炒货中的松子、一些品种中的瓜子去皮也采用碱液去皮，但是不用设备，如松子可用 90℃、1.5％NaOH 溶液，松子与碱液之比为 1∶0.5 的条件下，浸泡 20～40 min 后，用清水冲洗，再用低浓度的稀酸如柠檬酸或稀盐酸初步中和。然而这时松子外皮并未能完全脱落，采用简单的摩擦机械或在冲洗的同时与水一起离心片刻就可以去外皮。

经碱液处理后的水果原料必须立即在冷水中浸泡、漂洗，同时搓擦、冲洗除去果皮渣和黏附在水果表面的余碱，漂洗至水果原料表面无滑腻感、口感无碱味为止。漂洗必须充分彻底，否则会使水果罐头制品的 pH 值偏高，导致杀菌不足，口感发涩。为加速降低 pH 值，可用 0.1％～0.2％盐酸或 0.25％～0.5％的柠檬酸水溶液浸泡中和，同时可防止果品原料变色和抑制酶的活力。

碱液去皮的特点是去皮迅速而均匀，耗损率低，适应性广，几乎所有的水果都可应用此法去皮，但碱液腐蚀性强，使用时必须注意安全。

4. 热力去皮

将水果原料在高温下处理较短时间，使之表皮迅速升温而松软，果皮破裂，果皮与果肉间的原果胶发生水解失去胶黏性，果皮与果肉组织分离而脱落。适用于较高成熟度的桃、杏、枇杷、番茄等的去皮。

热力去皮有热水去皮和水蒸气去皮。热水去皮，在水果原料量少时，可用锅加热；大量生产时，采用带有传送装置的蒸汽加热沸水槽。水果经短时间的热处理后，用手工剥皮或高压冲洗去皮。如桃可在100℃的水蒸气中处理8～10 min，淋水后用毛刷辊或橡皮辊冲洗；番茄在95～98℃的热水中处理10～30 s，取出用冷水浸泡或喷淋，然后手工剥皮；枇杷经95℃以上的热水烫2～5 min即可剥皮。水蒸气去皮时一般采用温度接近100℃的水蒸气，在短时间内使水果原料外皮松软，使果皮果肉得以分离。具体的热烫时间可根据原料种类和成熟度而定。

热力去皮的特点是水果原料损失少，色泽、风味保持良好，但只用于皮易剥落的原料，还要求充分成熟，而不适用于成熟度较低的原料。

5. *酶法去皮*

在使用酶法去皮的水果原料里以褪柑橘囊衣最为典型。在一定浓度、温度和pH值的果胶酶溶液的作用下，使柑橘囊衣中的果胶水解而脱去。如将柑橘瓣放在1.5%的果胶酶溶液中，在35～40℃、pH值为1.5～2的条件下处理3～8 min，即可达到去囊衣的目的。

酶法去皮的特点是条件温和，产品质量好。其关键是要掌握酶的浓度及酶的最佳作用条件，如温度、时间、pH值等。

二、去核、去心、去梗

对于核果类的原料（如橄榄、青梅、李子、杏子、桃等）一般要去核，对于仁果类或其他种类的果品要去心，对于葡萄要去梗。常用的手工去心、去核操作，所用工具一般比较简单，图2—19所示为几种常见手工挖核器，这些工具必须用不锈钢制成，常用的有以下几种：

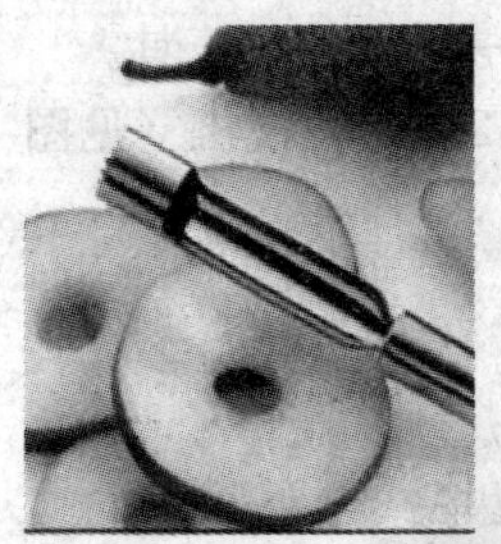

图 2—19　手工挖核器及实物图

1. 挖核器

挖核器是一种最常用的修整工具，它呈匙羹形，后有握柄，适用于较大果实，如桃、杏、梨、苹果等的挖核。核果类原料挖核时，先用刀沿果实缝合线深切至核 1 周，再用两手扭动果实，使一半果实与果核脱落，或用机械将果实劈为两半，再用挖核器挖核。仁果类原料挖核时，先将果实用刀切成两半，再一只手握住原料，另一只手用挖核器挖去籽巢。

2. 捅核器

捅核器为管状，捅核时，从果实柄端一次切至萼端，将核或籽巢捅出，切除的籽巢从管的一端排出，只能纵向捅核，不能横向捅核，以免捅烂果肉。去核或去籽巢时，不能太快，要稳缓进行，不能把果实撑裂或捅坏。捅核器适用于花红、海棠、枣、山楂等果实的去核。

3. 掏核器

掏核器为细长形，形如挖耳勺，可用于樱桃一类果实的去核；而对于体形较大的原料，如哈密瓜、冬瓜等原料的去籽瓤，则要用更大的、如同饭勺一样的掏核器。在挖核时，应把近核处有色部分清除干净，如桃子近核处的红色；去籽巢时，应尽量把籽巢挖干净，不留痕迹；去籽瓤时，应把柔软的瓤部全部去净，以保证产品质量。

人工修整效率低，劳动强度大，很难满足大量生产的需要。

生产时应根据果实的特点和大小选择适宜的去核、去心工具。

另外，机械设备还有除梗机（见图 2—20）、去核机（见图 2—21）等。

图 2—20　葡萄除梗破碎机

图 2—21　樱桃去核机

三、切分、修整、划线

体积较大的水果原料（如苹果、梨、菠萝等）在罐藏、干制、果脯蜜饯加工时，需要适当切分，以保持一定的大小和形状。而如枣、梅子、金橘等不易或无需去皮或蜡质较厚的果实原料在加工成蜜饯时虽不用去皮、切分，但需擦皮、划线、打孔或雕刻处理，一方面便于糖分更好地渗透，另一方面使产品更美观。

切分的形状和方法根据原料的形状、性质和加工品种的要求而定。桃、杏、李等常对半切，苹果、梨等常切成两块、三块或四块，许多水果切成片状、条状、块状等多种形式。常用手动切片机或多功能切片机（见图 2—22、图 2—23）以及专用的切条、切片机等工具或设备进行切分。

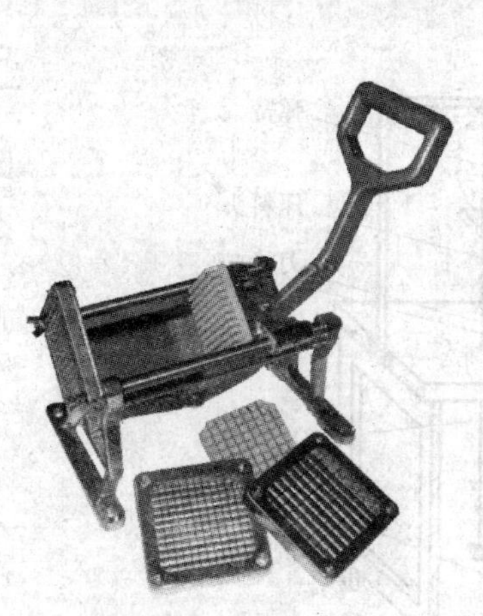

图 2—22　手动切片机

图 2—23　多功能切片机

罐藏或果脯加工时为了保持良好的形状，在装罐前需对已切分的果块进行修整，除去未去净的表皮或残留于芽眼或梗洼中的皮，除去肉质部分深色斑点、硬点和其他病变组织。只有彻底修整后，才有可能制得高品质的产品。

划线的方法主要是刺孔、划纹和切缝，其主要方法有手工操作和机械操作。手工操作是一种古老而传统的操作方法，多用简单的工具实施，如可将大头针钉在木板上做成刺孔工具，用缝衣针、刮脸刀片扎成月牙形排针作为划纹和切缝工具使用。操作时，一只手控制水果原料，另一只手用剃刀、刀片或钢针，顺着果实纵向划、切。划纹、切缝要致密，划、切深度因果实大小而异，以深达肉质为准，如金丝蜜枣划的深度约 0.3～0.5 cm；机械操作主要使用划纹机、切缝机和刺孔机，图 2—24 所示为一种结构简单的脚踏划纹机，主要由划纹装置、机架、压料头等组成。划纹装置是主要的工作部件，它是一个圆柱形套筒，在套筒周向安装了数十把薄而快的刀片，以适应原料周向划纹的需要，划纹装置固定在工作台上。压料头的作用是将原料从进料口往下压，其运动动力来自于踏板。

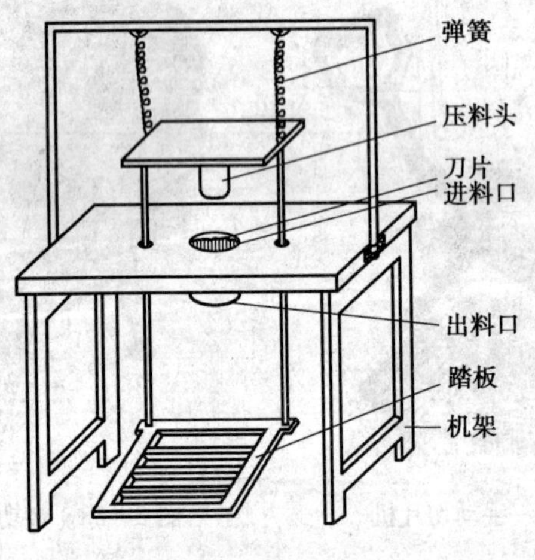

图 2—24　脚踏划纹机

工作时，原料需先经分级处理，再将分级后的原料人工放入进料口，接着用脚踏踏板，使得压料头下移，将位于进料口的原料往下压，迫使原料通过刀片，刀片便在其周向划出深深的纹路，从出料口落下。随之，脚放松踏板，压料头在弹簧的作用下复位，从而完成了一个工作循环。

而对于如金橘、梅、李等体形较小，且以食用果皮为主的蜜饯，需要用刺孔机在表皮上刺孔。这样有利于透糖或透盐，否则，糖分或盐分很难穿过蜡质表皮而渗入果肉中。

图 2—25 所示为一种结构简单，但使用较普遍的刺孔机。其主要工作部件是两个针刺辊，针刺辊上布满了 3～5 mm 的尖针，两辊转速为 150～200 r/min，安装在机架上。在针刺辊的下面，安装有两根具有棕刷的毛刷辊，针刺辊之间的间隙可以调节。

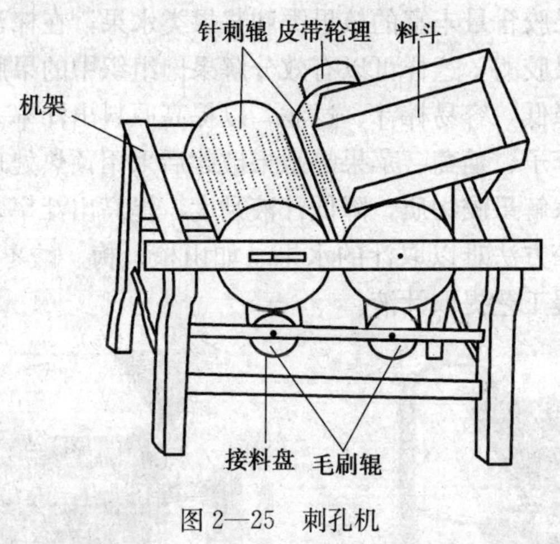

图 2—25 刺孔机

工作时，将需要刺孔的果品置于料斗中，果粒因重力成单层排列滚入两针刺辊之间。由于两针刺辊相向转动，果粒通过针刺辊时被均匀地扎上针孔，同时被粘在针刺辊上，旋转向下。为了便于果粒从针刺辊上脱下，在针刺辊下安有毛刷辊，毛刷辊高速转动，将针刺辊上粘住的果粒全部刷落，跌落到毛刷辊下面的接料盘中，从而完成针刺操作。

四、破碎、取汁

制作果酱、果泥等的水果原料需要适当破碎，以便煮制。制作果汁、果酒的，水果原料也需要破碎，以便于压榨或磨浆。果实破碎的粒度要适当，不同种类的原料水果要求破碎粒度也不同，故所选用的压榨方法也是不同的，一般要求果浆的粒度在3～9 mm之间，但果皮和种子不能一同被磨碎，否则会影响产品质量。破碎果实时，可加入适量的维生素C等抗氧化剂，以保持水果汁的色泽和改善产品的营养价值。制作果酱时，可用绞肉机进行果肉的破碎，果泥可用胶体磨或磨碎机进行破碎，如图2—26、图2—27所示。

对于果胶含量丰富的核果类和浆果类水果，在榨汁前应添加一定量的果胶酶，这样可以有效分解果肉组织中的果胶物质，使果汁黏度降低，容易榨汁、过滤，以提高原料出汁率。在一般情况下，如李子、葡萄、苹果等水果破碎后采用预热处理，可以软化果肉，水解果胶物质，降低汁液黏度，提高出汁率。

用压榨方法难以取汁的水果（如山楂、梅、酸枣、红枣等）可采用浸提工艺提取汁液。

图2—26　胶体磨

图2—27　磨碎机

五、硬化处理

对一些质地柔软的水果原料，在罐制或蜜饯加工前，需要进行硬化处理，以防止制品过度软化和提高工艺耐煮性。常用的硬化剂有石灰、氯化钙、亚硫酸氢钙或明矾等稀溶液。所使用的硬化剂中含有的钙离子、铝离子能与水果原料中一部分果胶性物质形成不溶性的盐类，使水果内部组织硬化耐煮，从而使罐制或蜜饯类的成品有较完整的外观。明矾还起到触媒的作用，使某些需要染色的制品容易着色和增加成品亮度。亚硫酸氢钙同时有护色、保脆与防腐的作用。对于易变色的苹果、梨等在制作果脯、蜜饯时，常用0.1%的氯化钙与0.2%～0.3%的亚硫酸钠混合液浸泡30～60 min，可起护色兼硬化的双重作用。

硬化剂的种类选择、用量和处理时间必须适当，用量过度会生成过多的果胶酸钙盐，或引起部分纤维素钙化，从而降低原料对糖的吸入量，并且使产品感官粗糙，品质低劣。一般加工蜜饯时石灰的用量是0.5%～1%，在制作罐头中氯化钙的用量是0.05%。

经硬化处理的原料，在罐装和糖煮前应用清水充分漂洗，除去多余的硬化剂。

六、烫漂

烫漂也称为热烫、预煮，是将经过适当处理的新鲜原料在温度较高的热水或蒸汽中进行加热处理的过程。其主要作用是：破坏原料组织中酶活性，防止酶促褐变和营养损失；排除水果组织内的空气，防止氧化反应发生，稳定和改进制品色泽；软化水果原料组织，增加细胞膜透性，有利于糖液的渍入和环境水分的进出；排除某些水果原料的不良气味，提高产品适口性；降低原料中的污染物和微生物数量，提高产品品质。

烫漂处理常用的方法有热水烫漂、蒸汽烫漂和热风烫漂三种。

1. 热水烫漂

热水烫漂可以在夹层锅（见图 2—28）内进行，也可以在专门的连续化机械，如链带式连续式烫漂机（见图 2—29）、螺旋式连续预煮机等内进行。除某些水果原料（如做罐头的葡萄）只能在 70℃左右的温度下热烫几分钟外，大多数水果热烫处理是在不低于 90℃的温度下热烫 2～5 min。有些绿色水果为了保绿，需在烫漂液中加入碳酸氢钠、氢氧化钙等，有时也用亚硫酸盐。制作罐头的某些水果也可以在 2％的盐水或 1％～2％的柠檬酸液中进行烫漂，有护色作用。

图 2—28　夹层锅

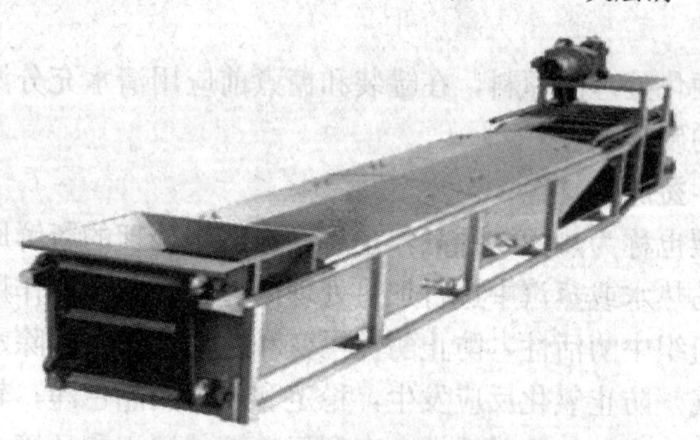

图 2—29　链带式连续式烫漂机

热水烫漂的优点是物料受热均匀，升温速度快，方法简便。缺点是部分维生素及可溶性固形物损失较多，一般损失 10％～30％。如果烫漂水重复使用，可减少可溶性物质的流失。

2. 蒸汽烫漂

将原料放入蒸锅或蒸汽箱中，用蒸汽喷射数分钟后立即关闭蒸汽并取出冷却。采用蒸汽热烫，可避免营养物质的大量损失，但必须有较好的设备，否则加热不均，热烫质量差。由于蒸汽与原料接触仅产生少量凝结水，因此，营养成分的流失要少得多，处理后，废水排放量也较少。

3. 热风漂烫

热风漂烫是一种新技术。它是利用温度高达 150～160℃的高温热风来处理果品原料，使之达到热烫的效果。该工艺的优点是：基本上无废水，可大大减少营养成分的流失；热烫质量好，冷却速度快，可在 45～60 s 内从 100℃降至常温。

烫漂后的原料应立即冷却，以防止热处理的余热对产品造成不良影响，并保持水果原料的脆嫩，一般采用冷水或冷风冷却。漂烫用水要符合标准，如用硬水会使果品组织坚硬、粗糙。为尽快冷却，要求采用流动水，但这样做的缺点是会使大量营养成分随水流失，也会产生大量废水。

烫漂标准为：原料一般烫至半生不熟，组织较透明，失去新鲜硬度，但又不像煮熟后那样柔软。烫漂程度通常以原料中过氧化物酶全部失活为标准。检查过氧化物酶的活性，可用 0.1%的愈创木酚酒精溶液或 0.3%联苯胺溶液与 0.3%的双氧水检查，将热烫到一定程度的原料样品抽样、横切，滴上几滴愈创木酚或联苯胺溶液，再滴上几滴 0.3%的双氧水，几分钟内不变色，表明过氧化物酶已破坏；如果变色，则表明过氧化物酶仍有活性，烫漂程度不够。用愈创木酚时变成褐色，用联苯胺时变成蓝色，说明过氧化物酶仍有活性，漂烫未达到要求；如果不变色，则表示过氧化物酶已失去活性，漂烫已达到要求。

七、工序间的护色处理

水果原料去皮和切分后，如果放置于空气中，会很快变成褐色，不仅影响制品外观品质，而且会破坏产品的固有风味和营养价值。因此，在加工中有必要进行护色处理，使果品原料少变色或不变色，以保证成品质量。生产上常用的护色方法有以下几种。

1. 热烫护色

热烫的主要作用是灭杀酶的活性。

2. 食盐溶液护色

食盐对氧化酶的活性有抑制和破坏作用，食盐溶于水后，能减少水中溶解氧的含量。一般采用1%～2%的食盐溶液即可，苹果、梨、桃等均可用此法，但在后续加工前要洗净食盐，以减少食盐对产品的不良影响。为了增进护色效果，还可以在其中加入0.1%的柠檬酸。食盐溶液护色常在制作水果罐头和蜜饯果脯中使用。在制作果脯、蜜饯时为了提高耐煮性，可以用氯化钙溶液浸泡，既有护色作用，又能提高果肉硬度。另外，食盐还有抑菌和杀菌的作用。

3. 有机酸溶液护色

生产上多采用浓度为0.5%～1%柠檬酸溶液浸泡，也可用抗坏血酸溶液浸泡，或用柠檬酸和抗坏血酸混合溶液浸泡，兼有提高制品营养价值的作用。

4. 硫处理护色

硫处理护色是果品原料护色中用得最多的一种，具体做法有熏硫法和浸硫法两种。

(1) 熏硫法。熏硫法是将硫黄燃烧，使之生成二氧化硫气体，再用来熏蒸果品原料。熏硫室要能紧闭密封，以免在熏硫时使二氧化硫散失。同时，门窗要开启方便，以便空气对流。为便于掌握熏硫情况，可在熏硫室的墙壁上开一小观察窗，将少量果品置于窗前，以便随时进行观察。

熏硫时，将已经分级、切分、去芯的原料装入容器中，送入熏硫室，容器分层码放，层间要留有适当的距离。

硫黄用量一般100 kg原料用量为0.2～0.4 kg，或以熏硫室每立方米容积用硫黄0.2 kg。熏硫用的硫黄，应选用品质优良的硫黄粉，其中砷含量应低于0.015%。操作时，将硫黄置于室内空地点燃，或将装在燃烧容器内的二氧化硫气体输入熏硫室。

熏硫后的果品肉质变软，色泽变淡变亮，核窝内有水珠出现，肉质含二氧化硫的浓度不低于0.1%，说明熏硫达到要求。

由于二氧化硫对人体有害，易于造成环境污染，因此熏硫室应远离车间。经硫处理后的果品，须经脱硫后才能食用。脱硫可通过吸水复原或加热煮沸解决，有些在加工煮制过程中即同时脱硫。

（2）浸硫法。浸硫法是用亚硫酸或亚硫酸盐溶液浸泡果品原料，达到护色效果。之所以亚硫酸或亚硫酸盐溶液能够护色，是因为这些液体中含有效二氧化硫，在浸泡时，有效二氧化硫便渗入到果品肉质中。当溶液中二氧化硫含量达到0.000 1%时，能降低水果褐变率20%，当溶液中二氧化硫含量达到0.001%时，则可以完全抑制褐变。但二氧化硫被解除后，单宁物质的反应又恢复。此法对各种加工原料工序间的护色都适用，但罐头加工时，二氧化硫处理后，要进行脱硫处理，否则易造成罐头金属部分的内壁产生硫化斑。

5. 抽真空护色

抽真空护色是将原料周围及果肉中的空气排除，渗入糖水或无机盐水，抑制氧化酶活性，防止发生酶促褐变。某些水果（如苹果、番茄等）内部组织较疏松，含空气较多，对罐藏或制作果脯等不利，常用此方法护色。根据实验，不易变色的水果，可用2%的食盐溶液作抽空母液；易变色的水果（如长把梨等），可用2%食盐、0.2%柠檬酸、0.02%～0.06%偏重亚硫酸钠混合溶液作抽空母液；一般果品可用糖水作抽空母液，在87～93 kPa的真空度下抽空5～10 min，使护色后水果组织色泽更鲜艳。

第三单元　产品特制

培训目标

1. 了解各种特制果品的基本加工工艺。

2. 掌握特制果品的工艺操作要点（如制作果酱终点的判断、蜜饯糖煮的方法等）。

模块一　果　汁

一、概述

果汁制品保存了新鲜原料所含的糖分、氨基酸、维生素、矿物质等。它属于生理碱性食品。现代果汁浓缩工艺能够把浓缩制品的体积缩小到初始果原汁体积的1/7，这样可以大大节约运输费用和半成品的储存费用。

1. 果汁原料的种类及成熟度

制汁的果品原料要求汁液含量多，出汁率高，取汁容易，具有良好的风味和香气，无异味，酸度适宜，并在加工和储藏过程中仍能比较好地保持这些优良品质，成品色泽好。

制汁果品原料要求成熟度较高。不同种类果品原料采收成熟度不一，总的要求是达到本品种汁液含量较丰富的成熟阶段。过熟榨汁困难，出汁率低，如樱桃过熟，汁中悬浮物多，不易过滤。成熟度低的果品原料风味淡，如苹果过生，果品大量淀粉未经转化，汁酸涩，甜味差，可溶性固形物低。为提高出汁率，有的原料采收后需放置经后熟再榨汁，如柠檬采后放置 2～3 天再取汁。掌握一定的技术指标，适时采收是提高果汁品质及出汁率的一项重要措施。

2. 果汁制品的分类及特点

(1) 按工艺不同分类

1) 澄清汁。澄清汁也称透明汁，不含悬浮物质，都是澄清透明的汁液。

2) 浑浊汁。浑浊汁也称不澄清汁，带有悬浮的细小颗粒。

3) 浓缩汁。浓缩汁是将新鲜果汁进行浓缩，去除一部分水而形成的汁液。

(2) 按成分分类

1) 原汁。原汁是未经稀释、发酵、浓缩的果汁，是由果肉直接榨出的果汁。含 100%的原果汁可分澄清原汁和混合原汁两种。

2) 鲜汁。鲜汁是原汁或浓缩汁经过稀释，用砂糖、柠檬酸等调整而制成的，其含原汁的量在 40%以上。

3) 果汁饮料。原汁含量为 10%～39%。

4) 浓缩汁。原汁含量按重量计浓缩 1～6 倍。

5) 果汁糖浆。原汁稀释后或将果肉浆直接加入砂糖和柠檬酸，调整其含糖量为 40%～65%，含柠檬酸量为 0.9%～2.5%，经加热溶解、过滤而成。其中含原汁（以质量计）应不低于 30%。

6) 果浆。将果肉打浆、磨细，加入适量糖水、柠檬酸进行调整，经脱气、装罐、杀菌而成。原浆含量在 40%～45%以上，糖度为 13%。

7) 复合果蔬汁。以水果和蔬菜为原料榨取的汁液为果蔬汁。复合果蔬汁由两种或两种以上的水果汁与蔬菜汁复配而成。

8) 发酵水果汁饮料。水果汁经乳酸发酵后制成的汁液中加入水、食盐、糖液等调制而成的饮品。

9）其他。如食用菌饮料、藻类饮料、蕨类饮料等。

二、一般果汁的工艺流程

原料选择→清洗→破碎（打浆）→（预煮）→榨汁（浸提）

粗滤→原果汁→
- 澄清、过滤→调配→杀菌→装瓶→澄清果汁
- 均质、脱气→调配→杀菌→装瓶→浑浊果汁
- 浓缩→调配→装罐→杀菌→浓缩果汁

三、工艺要点

1. 原料的选择

（1）制汁果实的质量要求。选择含汁液丰富、取汁容易、出汁率高、糖酸比适度、具有良好风味和香气、色泽稳定的品种，要求原料新鲜，成熟度高。剔除过生、过熟以及虫、病、烂果。

1）水果的新鲜度。加工用的水果原料越新鲜完整，成品品质就越好。如果以采摘存放时间过长的水果作为果汁生产原料，成品就会因为水果水分蒸发、酸度降低、糖分升高、维生素损失较多，而降低果品加工品质、食用品质。

2）水果的品质。选用汁液丰富、提取果汁容易、糖分含量高、酸度适宜、香味浓郁的水果是保证出汁率和风味的另一重要因素。

3）水果的成熟度。果汁加工要求水果的成熟度在九成左右，低酸高糖，容易榨汁。

（2）适宜加工果汁的原料种类。大部分果品及部分蔬菜适合于制汁，如苹果、葡萄、菠萝、柑橘、柠檬、葡萄柚、杨梅、桃、山楂、番石榴、番茄、胡萝卜、芹菜、菠菜以及野生果品沙棘、刺梨、醋栗、酸枣、猕猴桃等均能用来制取果汁或果蔬汁。

2. 原料洗涤

洗涤原料时，可根据果实原料的性质、形状和设备条件选择原料的洗涤方法。采用流动水或喷淋水对水果原料进行充分漂洗，以免杂质混入果汁中。对于农药残留量较多的果实，可用稀

酸溶液或洗涤剂处理后，再用清水洗净。

3. 破碎或打浆

破碎粒度要适当，粒度过大，出汁率低，榨汁不完全；如果粒度过小，压榨时外层汁液很快榨出，形成厚层，会阻碍内层果汁榨出，降低汁液滤出速度。通过压榨取汁的水果，如苹果、梨、菠萝、芒果、番石榴以及某些蔬菜等，其破碎粒度以 3～5 mm 为宜，草莓和葡萄以 2～3 mm 为宜，樱桃以 5 mm 为宜。

果汁加工使用的破碎设备要根据果实的特性和破碎的要求进行选择。如对于葡萄、草莓等浆果可选用浆叶型破碎机，如图 3—1 所示，使破碎与粗滤一起完成；对于肉厚且致密的苹果、梨、桃等，可选用锤碎机（见图 3—2）、辊式破碎机等。果实在破碎时常常喷入适量的氯化钠及维生素 C 配成的抗氧化剂溶液，防止或减少褐变和氧化作用的发生，以保持果汁的色泽和营养。破碎时还要避免将种子压破，否则种子中的糖苷物质进入汁液，会造成制品呈苦味的后果。

图 3—1　浆叶型破碎机

图 3—2　锤碎机

有些原料在破碎后必须进行预煮，使果肉软化，果胶物质降解，以降低黏度，便于后续榨汁工序，如桃、杏、山楂等。

4. 榨汁或浸提

一般水果原料经破碎后即可用榨汁机进行压榨，榨汁方法依果实的结构、果汁存在的部位、组织性质以及成品品质要求而异。对于大多数水果，一般通过破碎就可榨取果汁，但对于柑橘类果实和石榴，其表皮很厚，榨汁时外皮中的不良风味和色泽等可溶性物质会一起进入到果汁中，影响果品的风味，故应先去皮再榨汁。

榨汁机主要有锥盘式压榨机（见图 3—3）、螺旋榨汁机（见图 3—4）、带式榨汁机（见图 3—5）、裹包式榨汁机（见图 3—6）等，对于汁液含量少的原料，须采用浸提法取汁，即将原料用水浸泡，使原料中的可溶性营养成分以及色素等溶解于水中，然后滤出浸提液即可，如山楂、枣等。

果实的出汁率取决于果实的质地、品种、成熟度、新鲜度、加工季节、榨汁方法、榨汁效能等。在一般情况下，浆果类出汁率最高，柑橘类和仁果类略低。榨汁的工艺过程尽可能短，要防止和减轻果汁色、香、味的损失，要最大限度地防止空气的混入。

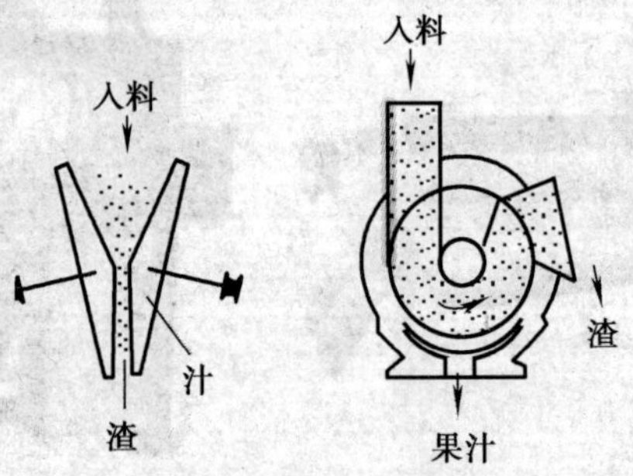

图 3—3　锥盘式压榨机

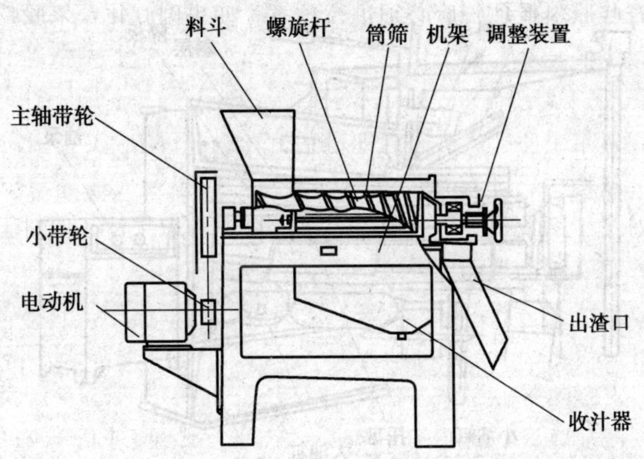

图 3—4　螺旋榨汁机

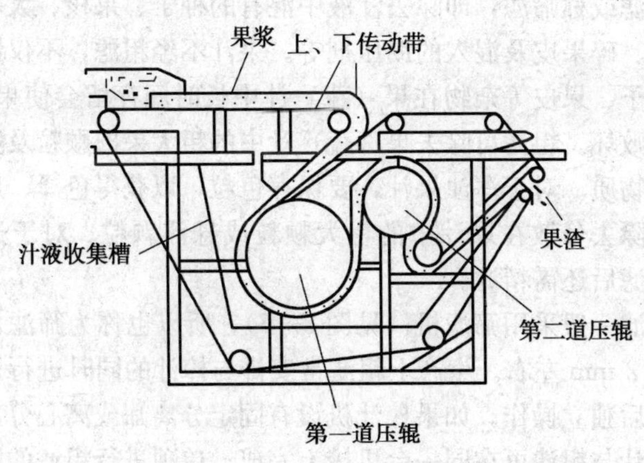

图 3—5　带式榨汁机

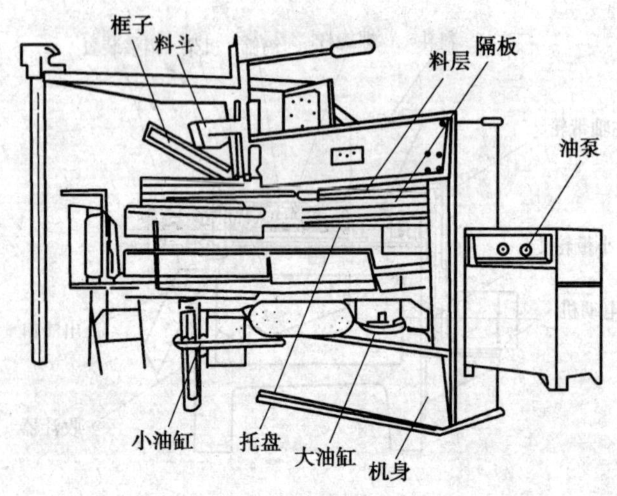

图 3—6 裹包式榨汁机

5. 粗滤

粗滤或称筛滤，即除去汁液中混有的种子、果核、大颗粒果肉组织、碎果皮及混入的助压剂等。果汁不经粗滤，不仅影响外观，种子、果皮等杂物在果（蔬）汁中长时间存留会使果（蔬）汁变质败坏。粗滤可除去果（蔬）汁中的粗大果肉颗粒及其他一些悬浮物质。对于浑浊果汁，要保存色粒，以获得色泽、风味和香气，除去分散在果汁中的粗大颗粒或悬浮颗粒。对于透明果汁，粗滤后还需精滤。

粗滤一般采用筛滤机（见图 3—7），所以也称为筛滤，滤孔直径为 2 mm 左右。生产上粗滤常安排与榨汁的同时进行，也可在榨汁后独立操作。如果榨汁机设有固定分离筛或离心分离装置时，榨汁与粗滤可在同一台机械上完成。单独进行粗滤的筛滤机有水平筛、回转筛、圆筒筛、振动筛等。此外，框板式压滤机也可以用于粗滤。

图 3—7　果汁筛滤机

6. 精滤

精滤是生产澄清汁必经的一道工序。粗滤后的汁液含有一定量的微细果肉、果皮、色粒、胶体物质等，精滤的目的就是要除去这些物质，它通过澄清和过滤两个步骤完成。

自然澄清法是将粗滤果汁放密闭容器中长时间静置，悬浮物依靠自身重力沉降使果汁澄清的方法。但这种方法果汁静置时间长，需加入防腐剂，否则容易发酵变质。所以，现代工厂采用方法大多数为澄清剂法与其他方法。常用的澄清剂有明胶、硅溶胶、膨润土、单宁、活性炭等，在生产中经常是复合使用。还有常用的加酶澄清法，此法是利用果胶酶制剂来水解果汁中的果胶物质，使果汁澄清。还有加热凝集澄清法，即在 80～90 s 内，将果汁加热到 80℃左右，然后以同样短的时间冷却至室温，由于温度的剧变，果汁中的蛋白质与其他胶体物质变性，凝固析出，使果汁澄清，这种方法由于时间短，对果实风味影响很小。一般加热是在无氧条件下进行的。

常用的过滤介质有不锈钢丝网（截留的最小颗粒直径约 5 μm)、纸板（截留的最小颗粒直径约 3 μm)、滤布（聚丙烯、聚酯及尼龙，截留的最小颗粒直径约 10 μm）等。常用的助滤剂有硅藻土、珍珠岩、复合助滤剂、木质纤维素等。

7. 脱气

脱气是生产浑浊果汁必经的一道工序，其目的是为了减少汁液中所含的空气。这些气体，特别是氧气，不仅会破坏果汁中的维生素 C，而且与果汁中的各种成分反应，使香气和色泽发生变化，还会引起盛装果汁的马口铁罐内壁腐蚀；附于悬浮微粒上的气体，会导致微粒上浮而影响制品的外观；气体的存在还会造成装罐和杀菌时产生气泡，从而影响杀菌效果。

生产中常采用的去氧法有真空法、氮气交换法、酶法、脱气法、抗氧化剂法等。水果加工一般常采用真空脱气罐（见图 3—8）进行脱气，真空度为 90.7～93.3 kPa，可除去 90%的气体，也能脱去 2%～5%的水分。真空脱气的效果取决于罐内真空度、果汁温度、果汁的表面积、脱气时间等。使用真空脱气，可能会造成挥发性芳香物质的损失，为减少这种损失，必要时可进行芳香物质的回收，加回到果汁中去；而抗氧化剂法则是加入维生素 C，它能与果品汁中的氧气发生反应，从而达到排除氧气的目的。

图 3—8　真空脱气罐

8. 均质

均质是浑浊果汁制造上的特殊操作。均质，就是将果汁通过均质设备，使果汁中所含的悬浮粒子进一步破碎，使粒子大小均一，保持果汁均匀的浑浊度。通过均质可获得不易分层和沉淀的果汁。

均质的设备有高压式、回转式和超声波式等，我国常用的是高压式均质机，如图 3—9 所示，其压力可达到 9.8～18.6 MPa，另外也可采用超声波均质机和胶体磨进行均质。

图 3—9 高压式均质机

9. 糖酸调整

果汁饮料的糖酸比例是决定其口感和风味的主要因素。果汁的糖酸调整是为了改善制品的风味，使之更适宜于人们口味的需要，但调整范围不宜过大。一般适宜于大多数人口味的果汁糖分和酸分的比例为 13∶1～15∶1。因此，果汁饮料调配时，首先需要调整含糖量和含酸量。一般果汁中含糖量为 8%～14%，有机酸的含量为 0.1%～0.5%。调整时一般使用砂糖和柠檬酸。在果汁、果酱、果脯、蜜饯的加工工序中均需进行糖酸液的测定与配制。糖度调整一般是将水果汁放入夹层锅或调和罐（见图 3—10）中，然后将溶化并过滤的糖液在搅拌的条件下加入水果汁中，调和均匀后，测定其糖度，如不符合产品规格，可再进行适当调整，然后再进行酸的调整。

图 3—10　调和罐组

10. 浓缩

浓缩是生产浓缩汁的关键工序。浓缩果汁体积小，可溶性物质含量达到 65％～68％。浓缩方法主要有真空浓缩法、冷冻浓缩法、反渗透浓缩法以及超滤浓缩法。

11. 杀菌

果汁热敏性较强。为了保持制品的色、香、味，采用高温瞬时杀菌法，即采用 93℃±2℃保持 15～30 s 杀菌，特殊情况下可采用 120℃以上温度保持 3～10 s 杀菌的超高温瞬时灭菌方法。对于同一杀菌效果而言，高温瞬时杀菌法得到了普遍应用，果汁杀菌后须迅速冷却，避免余温对制品的不良影响。

12. 灌装

灭菌后的果汁必须立刻进行灌装，常见的容器有玻璃瓶、铁罐、铝箔复合薄膜袋等。果汁饮料，均采用热灌装方法，该法由于满量灌装，冷却后果汁容积缩小而形成一定的真空度，能较好保存果汁品质。经过杀菌的果汁应迅速装入消过毒的玻璃瓶或铁罐等容器内，并趁热密封。密封后迅速冷却至 38℃以下，以免破坏果汁中的营养成分。产品应储存在阴凉的环境中，储存库温度以4～5℃为宜，相对湿度为70%左右。

四、果汁加工实例

1. 澄清苹果汁

（1）配方。苹果100 kg、蔗糖适量、柠檬酸适量。

（2）工艺流程

原料选择→清洗→破碎→榨汁→粗滤→加热杀菌→离心分离→酶处理→二次过滤→调整糖酸→巴氏杀菌→灌装→储存

（3）操作要点

1）原料选择。原料苹果要完好，果实以成熟为宜，应富有苹果风味、糖分较高、酸度适量、香味浓郁、果汁丰富、取汁容易、酶褐变不明显等。

2）清洗。先用水洗，然后将苹果放在1%NaOH和0.1%～0.2%洗涤剂混合液中，浸泡10 min，洗涤液温度控制在40℃以下。浸泡后，用流动水充分洗涤。

3）破碎。将洗净的果实放入苹果磨碎机，使其破碎。

4）榨汁。

5）粗滤。榨出的果汁应立即通过筛滤分离出果肉浆。筛滤使用不锈钢的回转筛或振动筛。

6）加热杀菌。在93℃的温度下加热5 min。

7）离心分离。澄清果汁在用酶澄清之前，应先分离出沉淀物，这样可以提高酶的作用效果，澄清后的果汁容易过滤。

8）酶处理。可采用纤维素酶、淀粉酶和活性蛋白酶并用的方法，可以提高澄清的效果。

9）二次过滤。酶处理后的果汁，经加热和冷却之后，酶已失去活性，然后采用过滤机过滤。通常加入硅藻土协助过滤，以提高过滤效率，首先将硅藻土分散于水中，用泵送入过滤机中形成3～5 mm的预涂层，在果汁中加入0.1%硅藻土，均匀混合后过滤，有时最后一道采用石棉过滤。

10）调整糖酸。对于天然苹果汁，根据原料的糖度，添加砂糖调整成品糖度为12%，酸度调整到0.4%左右。

11）巴氏杀菌。目前苹果汁杀菌多采用瞬间巴氏杀菌法和高温短时巴氏杀菌法。它们是将果汁迅速加热到76.6～93℃，保持几秒至几十秒，在一般情况下，高温时间不应超过3 min。

12）灌装。苹果汁通常采用涂料马口铁罐和玻璃瓶盛装。空罐灌装前必须洗净，通过灌装机趁热灌装苹果汁，并立即密封，然后将容器倒置3 min，再迅速冷却到37℃左右。用热灌装的玻璃瓶应先预热，防止温差过大、瓶子破裂。

13）储存。苹果汁的储藏温度不要太高，否则色泽和风味都会恶化，因此尽可能在低温下储藏。一般果汁制品宜保存在4～5℃的环境中，冷冻浓缩苹果汁储存在－25～－20℃的条件下，能较好地保持风味和色泽。

2. 浑浊橙汁

（1）配方。甜橙100 kg、蔗糖适量。

（2）工艺流程

原料选择→原料输送、分选→清洗→压榨→过滤→混合加糖→脱气去油→均质→巴氏杀菌→装罐、冷却

（3）操作要点

1）原料选择。生产橙汁的原料主要是甜橙，要求原料糖、酸含量均高，香味较浓，汁液丰富，果实成熟度高、新鲜。

2）原料输送、分选。果实进加工厂倾卸到传送带上，斜辊式输送机将果实单层的输送至手工分选台上，人工挑选出不合格的果实，同时取样测定果实的糖、酸等理化成分。

3）清洗。果实从储存库送至洗涤机，浸入含洗涤剂的水中，用转动刷子刷洗，再用清水喷洗。

4）压榨。使用榨汁机榨取橙汁。

5）过滤。从榨汁中取出种子、果皮、碎块等。

6）混合加糖。过滤后果汁流入大型不锈钢混合槽，从槽中取样，检验果汁的糖度、酸度和其他指标。

7）脱气去油。橙汁必须脱气，去掉过量的氧，使氧的含量尽可能低。橙子外皮精油对保证果汁最佳风味是必不可少的，而过量的精油混入橙汁往往产生异味。所以，必须除去多余的精油，以保证橙汁的食用品质。

8）均质。采用金属罐包装的柑橘汁，不需要均质，用玻璃瓶包装的橙汁在脱气、去油之后还需进行均质。均质常用常压均质机或胶体磨两种设备。

9）巴氏杀菌。在现代工业生产中，用蒸汽和热水通过板式或列管式交换器对果汁加热，进行瞬间巴氏杀菌，迅速将果汁加热到 92℃，保持 60 s。

10）罐装、冷却。经巴氏杀菌器的果汁（温度约 85℃）用泵送到料桶，直接灌入罐中，为减少风味的变化，果汁在料桶停留时间不得超过 1～2 min，装罐封口后倒放置 20 min，以利用热果汁对封口盖灭菌。接着，产品应迅速冷却至 38℃以下。

模块二　果酱类

一、一般果酱的工艺流程

原料选择→洗净→

- 切分、破碎→预煮→加糖浓缩→装罐→密封→杀菌→冷却→果酱
- 打浆→过滤→加糖浓缩→装罐→密封→杀菌→冷却→果泥
- 榨汁→过滤→加糖浓缩→入盘冷却成型→果冻
- 打浆→过滤→加糖浓缩→入盘冷却成型→果糕
- 打浆→加糖浓缩→刮片→烘烤→揭皮→整形→包装→果丹皮

二、工艺要点

1. 果酱、果泥

（1）原料选择。要求原料具有良好的色、香、味，成熟度适中，含果胶及含酸丰富。菠萝、苹果、杏、浆果类是制作果酱的好原料。

（2）原料处理。剔除病虫、腐烂、未熟果及其他杂质，去除果蒂，用清水洗净沥干。有的原料需要去皮、切分、去核、预煮和破碎等预处理后，再进行加糖煮制。

（3）加热软化。果泥要求质地细腻，预煮后打浆、筛滤，或预煮前适当切分，在预煮后捣成泥状再打浆，有些原料还需经胶体磨处理。

对于处理好的果块，根据需要加水或加稀糖液加热软化，也有一小部分果实可不经软化而直接浓缩（如草莓等）。加热软化时升温要快，沸水投料，每批的投料量不宜过多，加热时间根据原料的种类及成熟度控制，防止加热过长时间而影响风味和色泽。

（4）配料。糖的用量与果浆（汁）的比例为 1∶1，主要使用砂糖（允许使用占总糖量 20%的淀粉糖浆）。低糖果浆与糖的比例约为 1∶0.5。低糖果浆由于糖浓度降低，需要添加一定量的增稠剂，常用的增稠剂是果胶。所用配料（如糖、柠檬酸、果胶或琼脂等）均应事先配制成浓溶液备用。砂糖应加热溶解过滤，配成 70%～75%的浓糖浆；柠檬酸应用冷水溶解过滤，配成 50%溶液；果胶或琼脂等按质量加 2～6 倍的砂糖，充分拌匀，再以 10～15 倍的温水在搅拌下加热溶解过滤。

（5）加热浓缩。将处理好的果酱投入浓缩锅中加热 10～20 min，这样可蒸发一部分水分，然后分批加入浓糖液，继续浓缩到接近终点时，按次加入果胶液或琼脂液、淀粉糖浆，最后加柠檬酸液，在搅拌下浓缩至可溶性固形物含量达到 65%即可。浓缩方法和设备有常压浓缩和减压浓缩。加热时要不断搅拌，防止焦底和爆溅。

浓缩终点的判断：主要靠取样用折光计测定可溶性固形物浓度，达 65%左右时即为终点；或凭经验控制，用匙取酱少许，倾泻时果酱难以滴下，黏着匙底，甚至挂匙边（称挂片），或滴入水中难溶解即为终点；常压浓缩可用温度计测定酱体温度，达到 104～105℃时，即为终点。

（6）装罐密封。装罐前容器先清洗消毒。果酱类大多用玻璃瓶或防酸涂料铁皮罐作包装容器，也可用塑料盒小包装；果丹皮、果糕等干态制品采用玻璃纸包装。酱类制品属于热灌装产品，出锅后，应及时快速地装罐密封，密封时的酱体温度不低于 80℃，封罐后应立即杀菌冷却。

（7）杀菌、冷却。果酱在加热浓缩过程中，微生物大多数被杀死，加上果酱高糖高酸对微生物有很强的抑制作用，在封罐后将瓶倒置数分钟，利用酱体余热进行罐盖消毒。但为了安全，封罐后还要进行杀菌处理，在 90～100℃下杀菌 5～15 min，依罐型大小而定。杀菌后立刻分段冷却至 38℃左右，每段温差不要超过 20℃，以防炸瓶，然后用布擦去罐外水分和污物，送入仓库保存。

2. 果冻

（1）原料处理。原料进行洗涤、去皮、切分、去心等处理。

（2）加热软化。目的是便于打浆和取汁。依原料种类加水或不加水，多汁的水果可不加水。肉质致密的果实（如山楂、苹果等）则需要加果实重量 1～3 倍的水。软化时间为 20～60 min，以煮后便于打浆或取汁为原则。

（3）打浆、取汁。果酱可进行粗打浆，果浆中可含有部分果肉。取汁的果肉打浆不要过细，过细反而影响取汁。取汁可用压榨机榨汁或浸提汁。

（4）加糖浓缩。在添加配料前，需对所制得的果浆和果汁进行 pH 值和果胶含量测定，形成果冻凝胶适宜的 pH 值为 3～

3.5，果胶含量为0.5%～1.0%，如含量不足，可适当加入果胶或柠檬酸进行调整。一般果浆与糖的比例是1∶（0.6～0.8）。浓缩达可溶性固形物含量65%以上，沸点温度达103～105℃。

（5）冷却成型。将达到终点的黏稠浆液倒入容器中冷却成果冻。

3. 果糕

（1）原料处理。原料进行洗涤、去皮、切分、去心等处理。

（2）加热软化。目的是便于打浆和取汁。依原料种类加水或不加水，多汁的水果可不加水。肉质致密的果实（如山楂、苹果等）则需要加果实重量1～3倍的水。软化时间为20～60 min，以煮后便于打浆或取汁为原则。

（3）打浆。果酱可进行粗打浆，果浆中可含有部分果肉。

（4）加糖浓缩。在添加配料前，需对所制得的果浆进行pH值和果胶含量测定，形成果冻凝胶适宜的pH值为3～3.5，果胶含量为0.5%～1.0%，如含量不足，可适当加入果胶或柠檬酸进行调整。一般果浆与糖的比例是1∶（0.6～0.8）。浓缩达可溶性固形物含量65%以上，沸点温度达103～105℃。

（5）冷却成型。将达到终点的黏稠浆液倒入容器中冷却成果糕。

4. 果丹皮

（1）原料选择。选用含糖量、含酸量和含果胶物质较多的水果作原料，如苹果、桃、杏、山楂等均可，但以新鲜的山楂较为理想，一些残次果及果品加工厂生产罐头、果脯的下脚料也可利用，但一定要符合食品卫生标准。

（2）原料处理。原料进行洗涤、去皮、切分、去心等处理。

（3）打浆。将处理好的果实放在双层锅中，加入约为果实重80%或等量重的水，煮20～30 min，待果实软化后，取出，倒在筛孔径为0.5～1.0 mm的打浆机打浆，除去皮渣。

(4) 加糖浓缩。将果浆倒入双层锅中，加入果浆重10%～30%的白砂糖及少量柠檬酸（根据果实含酸量高低而定，通常为果浆重量的0.3%～0.5%），再用文火加热浓缩，注意搅拌，防止焦煳，浓缩至稠糊状，可溶性固形物含量达20%左右时出锅。

(5) 刮片烘烤。将浓缩的果浆倒在钢化玻璃板上，刮成厚0.3～0.5 cm的薄片。刮刀力求平展、光滑、均匀，以提高产品的质量。刮好后将钢化玻璃送入烘房，温度为60～65℃，注意通风排潮，使各处受热均匀，烘至手触不发黏、具有韧性皮状时取出。

(6) 揭皮整型。将烘好的果丹皮趁热揭起，再放到烤盘上，烘干表面水分，用刀切成片卷起，在成品上再撒上一层砂糖。

(7) 包装。用透明玻璃纸或食品袋包装。

三、果酱加工实例

草莓酱加工

1. 配方

草莓100 kg、75%糖水133 kg、柠檬酸240 g、山梨酸钾80 g。

2. 工艺流程

原料选择→洗涤→去果柄、萼片→配料→加热浓缩→装罐→杀菌→密封→冷却→贴标

3. 操作要点

(1) 原料选择. 要求当日采摘成熟度为80%～90%的全红新鲜草莓，具有新鲜草莓应有的色香味，或者是状态良好的速冻鲜草莓。

(2) 洗涤、去果柄、萼片。将草莓装入筐中放入自动清洗机清洗浸泡3～5 min，清洗机中的水要勤换，以免影响清洗效果。清洗速度不宜过快，以免影响清洗的效果。去掉果柄与萼片，挑

出霉烂与病虫害的果实。

(3) 浓缩。采用减压浓缩或常压浓缩。

1) 减压浓缩。将草莓与糖水吸入真空浓缩锅内，调控真空度为 0.04～0.05 MPa，加热软化 5～10 min，然后提高真空度到 0.08 MPa 以上，浓缩至可控性固形物达 60%～65%时，加入已溶化的山梨酸钾、柠檬酸溶液，继续浓缩达可溶性固形物为 65%～68%，关闭真空泵，破除真空，把蒸汽压提高到 0.2 MPa，继续加热。待酱体温度达 98～102℃时出锅。

2) 常压浓缩。把草莓倒入夹层锅，加入 1/2 糖浆，加热软化，边搅拌，边加入余留糖浆、山梨酸钾、柠檬酸等，继续浓缩至终点出锅。

(4) 装罐封口。出锅后立即装罐，封罐时酱体温度不低于 85℃。

(5) 杀菌冷却。杀菌方式：在 100℃下，保持 5～20 min，冷却至 40℃。

(6) 贴标。擦干罐体表面及贴标。

模块三 果脯蜜饯

一、果脯蜜饯产品的分类及特点

果脯蜜饯按产品加工方式和风味形态特点一般可分为以下三类：

1. 干态蜜饯

糖制后经干燥处理，传统上分为果脯和返砂蜜饯两类产品。果脯产品表面干燥，不粘手，色泽鲜艳，呈半透明状。含糖高，柔软而有韧性，甜酸可口，有原果风味，如苹果脯、梨脯、桃脯、杏脯等。

返砂蜜饯产品表面干燥，有糖霜或糖衣，入口甜糯松软，原果风味浓。代表品种有橘饼、蜜枣、冬瓜条等。

目前，果脯蜜饯向低糖方向发展，这两类产品没有严格区分，有的产品既可称为果脯，又可称为蜜饯。

2. 湿态蜜饯

糖制后不经干燥，产品表面有糖液，果形完整、饱满，质地脆或细软，味美，呈半透明状。如糖渍板栗、蜜饯樱桃、蜜饯金橘等。

3. 凉果

凉果是以糖制过或晒干的果蔬为原料，经清洗、脱盐、干燥，浸渍调味料，再干燥而成的，如话梅、九制陈皮等。

二、果脯蜜饯类加工工艺流程

1. 干态蜜饯工艺流程

原料选择→清洗→原料预处理→糖制→干燥→整形（上糖衣）→包装→干态蜜饯（糖衣蜜饯）

2. 湿态蜜饯工艺流程

原料选择→清洗→原料预处理→糖制→装罐→密封→杀菌→湿态蜜饯

三、工艺操作要点

1. 原料选择、分级

制作果脯时，应选择果实含水量较少、固形物含量较高、果实颜色美观、肉质细腻并具有韧性、耐储运性良好、果核容易脱离的品种。

2. 清洗

原料表面的污物及残留的农药必须清洗干净。洗涤方式有人工洗涤和机械洗涤，常用的机械洗涤有喷淋冲洗式、滚筒式和毛刷刷洗式等。

3. 原料预处理

(1) 去皮、去核、切分、划线等处理。有些原料不用去皮、切分，但需擦皮、划线、打孔或雕刻处理，如金丝蜜枣等。

（2）护色、硬化处理。为防止褐变和糖制过程中不被煮烂，糖制前需对原料进行护色、硬化处理。

（3）预煮。预煮时把水煮沸，用水量约为原料的1.5～2倍，投入原料，预煮时间一般为5～8 min，以原料达半透明并开始下沉为准。热烫后马上用冷水冷却，防止热烫过度。无不良风味的部分原料可结合糖煮，直接用30％～40％的糖液预煮，省去单独预煮工序。

4. 糖制

糖制是蜜饯加工的主要操作步骤，糖制大致分为糖渍、糖煮及两者相结合三种方法。也可利用真空糖煮或糖渍，这样可加速渗糖速度和提高制品质量。

（1）糖渍（蜜制）方法。糖渍的具体方法是把经预处理后的果品原料逐次增加干燥砂糖来进行较长时间的浸渍。首先用原料组织重的30％的干燥砂糖翻拌均匀，放置12～14 h后，再补20％的干燥砂糖翻拌均匀，放置24 h后，再补加10％的干燥砂糖浸渍。由于采用干燥砂糖浸渍，组织汁液中水分大量渗出，因此，果品组织收缩至原来的一半左右，透糖速度降低。糖渍时间1周左右，最后将原料移出，沥干表面糖液，或洗去表面糖液后即成制品。凉果类也采用蜜制法，但与一般的蜜制有所不同，其特点是采用果胚制取，除食糖外还加多种辅料，以及结合晒制，以提高渗糖速度和含糖浓度。所用的配料口味有甜、酸、咸与香等几类。常用的香料有丁香、肉桂、豆蔻、大小茴香、陈皮、甘草等，少数凉果也采用各种特制的果酱。

由于糖渍不加热或加热时间短，能较好地保持原料原有的质地、形态及风味，缺点是制作时间长，初期容易发酵变质，凉果的制作多用糖渍法，其加工过程主要为盐渍（将处理后的原料经一定浓度的盐水浸渍储存）与干制、果坯脱盐（用多量清水浸泡，标准为果肉稍带咸味，大约含2％的盐），漂烫、加料糖渍和暴晒或烘制等。

(2) 糖煮方法。糖煮前多有糖渍的过程。在煮制过程中，水果原料组织脱水吸糖，糖液水分蒸发浓缩，糖液增浓，沸点提高。由于原料不同，糖煮要求也不同，可分一次煮制、多次煮制、快速煮制和真空煮制等。

1）一次煮制。一次煮制主要用于水果原料含水量较低，组织结构较疏松的果类，如苹果、枣等。将原料与浓度为30%～40%糖液混合，一次煮制成功，快速省工。但因加热时间长，原料易被煮烂，糖分不易达到内部，失水过多而产生干缩现象，生产上不常采用，一般把原料糖渍到一定程度后才煮制。

2）多次煮制。多次煮制适用于果实含水量较高、细胞较厚、组织结构较致密、煮制过程中容易糜烂的果类。一般分2～5次进行煮制，第一次煮制时糖液浓度约为35%，煮至果肉转软时，放冷8～24 h。以后糖煮时每次增加糖浓度，如此重复直至糖浓度达到成品要求为止。除此之外，多次煮制还可以使果实具有更好的渗透性，同时也借助热烫防止发生氧化褐变，保持果品的鲜美色泽。

3）快速煮制。将原料在糖液中煮沸，然后捞起立即投入高浓度的糖液中，这样反复加热和冷却，糖浓度依次递增，很快完成透糖过程。快速煮制时间短，可连续生产，但所用糖量较多。

4）真空煮制。利用一定的真空条件，一方面促进糖分向原料内部渗透，另一方面由于沸点下降，从而使原料在较低温度下只用加热较短时间即可达到要求的糖浓度。但需要减压设备，投资大，操作麻烦，实际生产应用较少。

糖制时，糖液的浓度、温度和时间是蜜饯加工的三个重要因素。蜜饯品种虽多，但其生产工艺基本相同，只有少数产品、部分工序、造型处理上有些差异。

5. 干燥、上糖衣

糖制达到所要求的含糖量后，捞起并沥去糖液，可用热水淋洗，以洗去表面糖液、降低黏性和利于干燥，湿态蜜饯就可以进行装罐，而干态蜜饯则还需干燥、上糖衣等工序。

果脯和返砂蜜饯制品，要求保持完整和饱满状态，不皱缩，不结晶，质地紧密而不粗糙，水分一般不超过18%～20%，因此要进行干燥处理，即烘干或晒晾。烘干多用于果脯和返砂蜜饯，晾晒多用于甘草、凉果类制品。

烘干是在烘房或是干制机中进行的。其方法是将需烘干的成品从糖液中取出，沥去多余的糖液，然后放入烘盘，推入烘房（见图3—11）或烘干机（见图3—12）中进行烘干。

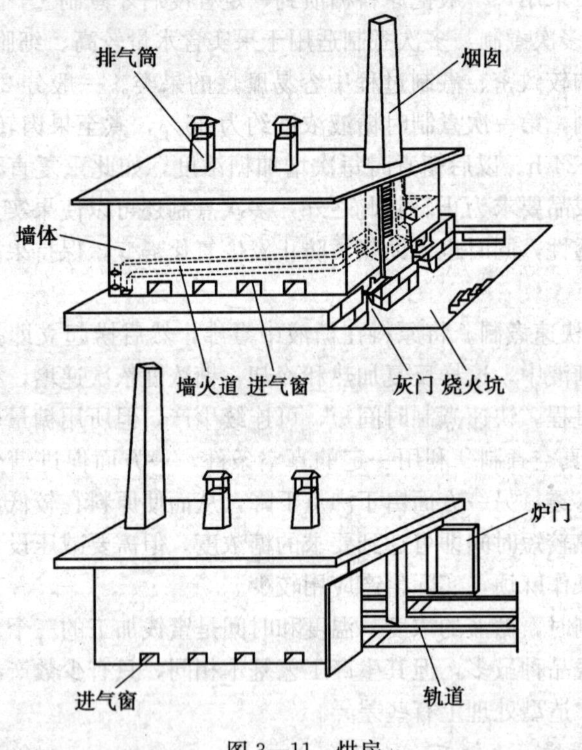

图3—11　烘房

图 3—12 烘干机

晾晒是在晒场上搭好道式晾架，架间留人行道。需晾晒的产品放入竹匾并摊开，置于架上。晒到产品表面干燥或萎蔫、皱缩为止。

上糖衣有两种方法：

(1) 过饱和糖液法。将 3 份蔗糖、1 份淀粉糖浆和 2 份水混合，煮沸到 113～114.5℃，离火冷却至 93℃，将已干燥的蜜饯浸入糖液中 1 min 后，取出散置筛面上，于 50℃下晾干即成。

(2) 将干燥的蜜饯浸于含有 1.5%食用明胶和 5%蔗糖的 90℃溶液中（湿透即可），取出于 35℃左右干燥即成。

6. 整理包装

干态蜜饯成品的含水量一般为 18%～20%。达到干燥要求后，进行回软、包装等。干燥过程中果块往往由于收缩而变形，甚至破裂，干燥后需要压平。如蜜枣、橘饼等。包装以防潮防霉为主，可采取果干的包装法，用 PE（聚乙烯）袋或 PA/PE（尼龙/聚乙烯）复合袋作 50 g、100 g、250 g 等零售包装，再用纸箱外包装。

四、果脯蜜饯生产实例

1. 苹果脯

(1) 配方。苹果块 100 kg、蔗糖 70 kg、柠檬酸 100 g、亚硫酸钠适量。

(2) 工艺流程

选料→清洗→去皮→切分→挖核→护色→糖制→烘制→包装

(3) 操作要点

1) 选料。选用果大、圆整、果心小、呈八九成熟、无病变、无虫蛀、无伤疤、无损伤、不腐败的苹果为原料。

2) 清洗。将苹果放入洗涤机，清洗去除附着在表面的泥沙和异物，以流动水清洗为佳。

3) 去皮。苹果皮口感差，必须将其除去。去皮方法有手工去皮、机械去皮和化学去皮，一般用机械去皮。

4) 切分、挖核。苹果个体较大，需将其切分，大者切成四瓣，小者对半切开，然后挖掉果核。

5) 护色。果肉中含单宁物质较多，一旦暴露在空气中，很易产生褐变。因此，挖掉果核后要尽快护色，可将其浸入亚硫酸钠溶液或食盐水中。如果果肉组织较疏松，可在护色液中加入适量硬化剂，如加入适量氯化钙，配制成 0.1%的氯化钙溶液。在护色的同时，果肉组织也得到硬化。一般浸泡 2～3 h。

6) 糖制。将果块捞出，用清水漂洗干净，然后进行糖制。以一次煮成法为例：取一锅，在锅中配制 40%的糖液 80 kg，加热煮沸，倒入 100 kg 果块，沸煮 5 min，加入浓度 50%的冷糖液 4 kg，再沸时，又加入此冷糖液 4 kg，反复进行 4 次，历时 40 min 左右。

待果块发软膨胀、开始有微小裂纹出现时，开始撒入蔗糖，每次加糖 5 kg，每隔 5 min 加糖 1 次，共加糖 6 次，最后 1 次加糖后，在文火微沸状态下沸煮 20～25 min，待果块呈透明态时即可出锅，将果块和糖液一起移入浸缸，浸渍 48 h，糖制即告完成。

7）烘制。将果块捞出，摊于烘盘中，送入烘房中进行烘制。于 60～65℃烘烤 20～24 h，烘至果块不粘手。其间要翻动和倒盘数次，使其受热均匀、干燥一致，即成苹果脯。

8）回潮、包装。将苹果脯置于 25℃左右的室内静置 24 h 回潮，然后用玻璃纸包装单块果脯，再装入塑料袋或包装盒中。

（4）成品特点。成品的特点为色泽金黄，果块透明，柔软可口，甜酸适度，含糖饱满，含水量为 15%～18%。

2. 金橘糖

（1）配方。鲜金橘 100 kg、蔗糖 80 kg。

（2）工艺流程

选料→针刺→清洗→糖制→烘制→包装

（3）操作要点

1）选料。选用果色转黄、成熟度相近的果实，剔除虫果、烂果和伤果，除去残留梗蒂。

2）针刺、清洗。为便于透糖，须将果皮刺穿，深达果肉，用手工或机械刺孔均可。然后将金橘倒入水池内，用流动水洗净，捞出沥干。

3）糖制。先糖腌。取一缸，另取蔗糖 50 kg 腌制金橘，一层金橘一层糖，最上层取多量糖盖住金橘。腌制 16～20 h，待金橘中水分逐渐渗出，蔗糖变成糖液，金橘逐渐缩小。这时，加入蔗糖 15 kg，腌制 16～20 h，再加入余下的蔗糖，腌制 16～20 h。

糖腌后进行糖煮。取一锅，将金橘和糖液一起移入锅内，加热至沸，沸煮 30～40 min，当糖液浓度达到 70%左右、果实变得透明时，停止加热，捞出金橘，沥去糖液。

4）烘制、包装。将金橘在 85～90℃的热水中漂涮一下，涮去表面糖液。在烘房中于 60～65℃进行烘烤，至表面干燥即可。

烘烤时要求进行翻动，以求均匀干燥。冷却后即可进行定量密封包装。

(4) 成品特点。成品的特点为色泽金黄，呈半透明状，形状美观，营养丰富。

3. 九制陈皮

(1) 配方。鲜橙皮 100 kg、蔗糖 8 kg、糖精 200 g、食盐 20 kg、梅卤 70 kg、甘草 3 kg、甘草粉 1 kg、明矾 500 g、柠檬酸适量。

(2) 工艺流程

选料→腌渍→漂烫→漂洗→盐渍→烘制→配甘草糖液→浸渍→烘制→拌甘草粉→包装

(3) 操作要点

1）选料。选用新鲜、黄色的甜橙、香橙皮为原料，用刨刀刨去最外层。

2）腌渍。取一缸，将橙皮、50 kg 梅卤（腌梅子的卤水）及明矾一起入缸，浸渍 48 h。

3）漂烫、漂洗。取一锅，放水加热至沸，将橙皮移入其中，漂烫 2～3 min，然后立即入清水池，浸泡 24 h，最后捞出，沥干水分。

4）盐渍。取一缸，放入 20 kg 梅卤和食盐，搅拌均匀，再将橙皮移入，翻拌均匀，浸渍 18～20 天，捞出、沥干。

5）烘制。将橙皮摊入烘盘，入烘房在 60～65℃烘至七八成干，移出、冷却。

6）配甘草糖液。取一锅，将切碎甘草和清水 50 kg 入锅，加热煮沸，用文火沸煮 1 h，滤去其渣，取其滤液，加入蔗糖及糖精，加热溶解，加入适量柠檬酸，调整 pH 值为 3 左右。

7）浸渍、烘制。取一缸，将甘草糖液和橙皮坯一起放入，浸渍 2～3 h，其间翻拌两次，使橙皮能多吸收料液。然后，将橙皮坯又移入烘房干燥，再入缸浸渍，如此反复多次，直至浸缸中的料液被完全吸收完为止。再入烘房，烘至含水量不超过20%。

8）拌甘草粉、包装。将橙皮移出烘房，趁热拌入甘草粉，翻拌均匀，即成九制陈皮，随后进行小袋定量密封包装。

（4）成品特点。成品的特点为色泽黄褐，片薄柔软，甜、酸、咸适宜，有浓郁的橙香味和甜甜的甘草味。

模块四　罐头制品

一、概述

水果罐头是将水果原料经必要的处理后，装入能密封的容器内，再经过排气、密封、杀菌等，最后制成能长期保存的罐装食品。水果罐头具有耐储藏、易携带、品种多、食用卫生等特点。水果罐头按包装容器分为玻璃瓶水果罐头、铁盒水果罐头、软包装水果罐头、塑料瓶装罐头等。

二、一般罐头加工工艺流程

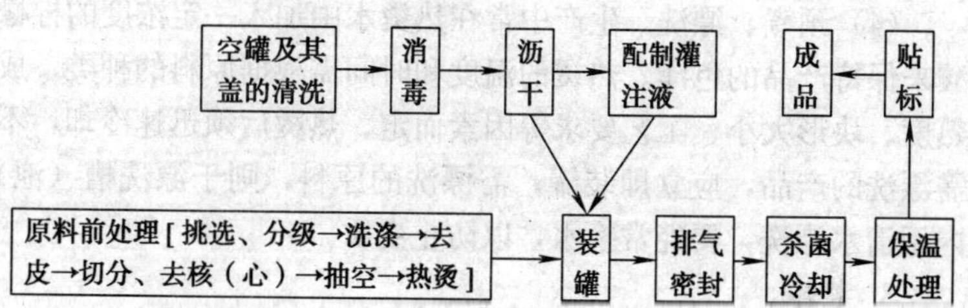

三、工艺要点

1. 原料选择

制作水果罐头的原料要求新鲜，成熟适度，形状整齐，大小适当，果肉组织致密，可食部分大，糖酸比例合适，原料越新鲜，加工品的质量越好。因此，从采收到加工，间隔时间越短越好。

2. 原料预处理

原料预处理包括挑选、分级、洗涤、去皮、切分、去核（心）、抽空（将原料在一定介质里置于真空状态下，使内部空气释放出来）以及热烫。

（1）原料的挑选、分级。原料在投产前须先进行选择，剔除不合格的和虫害、腐烂、霉变的原料，再按原料的大小、色泽和成熟度进行分级。

（2）洗涤。一般在水槽或水池中用流动水漂洗或用喷洗，也可用滚筒式洗涤机清洗。对于杨梅、草莓等浆果类原料，应小批淘洗或在水槽中通入压缩空气翻洗，防止机械损伤及长时间在水中浸泡而影响色泽和风味。

（3）去皮、切分、去核（心）及整理。原料水果种类繁多，其表皮状况不尽相同，有的表皮较为粗厚，口感较差，所以必须去除表皮，如苹果、梨、桃等；但有的水果表皮柔嫩可口或去皮后会影响感官品质，就可以不用去皮，如山楂等。很多水果在去皮、切分后需进行整理，以保持一致的外观。

（4）预煮、漂洗。生产中常在热烫水中加入一定浓度的柠檬酸来保持产品的色泽。热烫的温度和时间需根据原料的种类、成熟度、块形大小、工艺要求等因素而定。热烫后须迅速冷却，不需漂洗的产品，应立即装罐；需漂洗的原料，则于漂洗槽（池）内用清水漂洗，要经常换水，以防止变质。

3. 装罐

（1）空罐的准备。装罐前要对空罐进行清水洗涤和蒸汽喷射消毒，经过处理后的空罐不宜存放太久，以防止灰尘、杂质再次污染。

（2）灌注液的配制

1）所用的糖液主要是蔗糖溶液，对于我国目前生产的糖水果品罐头，一般要求开罐糖度为14%～18%。每种水果罐头装罐糖液浓度，可根据装罐前水果本身的可溶性固形物含量、每罐装入果肉重量及每罐实际注入的糖液重量，按下式计算：

$$Y=\frac{W_3Z-W_1X}{W_2}$$

式中 W_1——每罐装入果肉重量，g；

W_2——每罐加入糖液重，g；

W_3——每罐净重，g；

X——装罐前果肉可溶性固形物含量，%；

Z——要求开罐时的糖液浓度，%；

Y——需配制的糖水浓度，%。

糖液的配制方法有直接法和稀释法。直接法就是根据装罐所需要的糖液浓度，直接按比例称取砂糖和水，置于溶糖锅中加热搅拌溶解并煮沸 5～10 min，以除去砂糖中残留的二氧化硫并杀灭部分微生物，然后过滤、调整浓度。稀释法的内容见第一单元模块四。

2）装罐时应留有适当的顶隙，顶隙是指食品表面至罐盖之间的距离。顶隙过大，则内容物常不足，并且由于有时加热排气温度不足、空气残留多会造成氧化变质；而顶隙过小，内容物含量过多，杀菌时食物膨胀而使压力增大，造成假胖罐。一般顶隙应控制在 4～8 mm 左右。装罐时还应保持罐口的清洁。

装罐可采用人工方法或机械方法进行。

4. 排气、密封

排气即利用外力排除罐头产品内部空气的操作。它可以使罐头产品有适当的真空度，以利于产品的保藏和保质；防止罐头在杀菌时由于内部膨胀过度而使密封的卷边破坏；防止罐头内好气性微生物的生长繁殖；减轻罐头金属内壁的氧化腐蚀。

密封是保证真空度的前提，它防止罐头食品杀菌之后被外界微生物再次污染。罐头密封应在排气后立即进行，不应造成积压，以免失去真空度。密封需借助于封罐机。可根据制品要求而定封口方法：金属罐封口的结构为二重卷边，玻璃罐有卷封式和旋开式两种，复合塑料薄膜袋采用热熔合方式密封。

5. 杀菌

杀菌也称灭菌，罐头杀菌的主要目的在于杀灭绝大多数对罐内食品起腐败作用和产毒致病的微生物，使罐头食品在保质期内具有良好的感官品质和食用安全性，达到商业无菌。其次是改进食品的风味。

生产上常采用热力杀菌。其条件依产品种类、卫生条件而定，一般用杀菌公式表示。杀菌公式为：

$$(T_1-T_2-T_3)\ /t$$

式中 t——灭菌锅的杀菌温度,℃；

T_1——升温至杀菌温度所需时间，min；

T_2——保持杀菌温度不变的时间，min；

T_3——从杀菌温度降至常温的时间，min。

如某种罐头的杀菌式为（$10'-40'-15'$）/115℃，即该罐头的杀菌温度为 115℃，从密封后罐头温度升至 115℃需 10 min，升温后应在 115℃保持 40 min，然后在 15 min 内降至常温。

（1）杀菌方法。依杀菌加热的程度分，罐头的杀菌方法有下述三种：

1）巴氏杀菌法。一般温度为 65～95℃，用于不耐高温杀菌而含酸较多的产品。

2）常压杀菌法。将罐头放入常压的热沸水中进行杀菌，一般温度为 98～100℃，凡产品 pH 值小于 4.5 的罐头制品均可用此法进行杀菌。

3）加压杀菌法。将罐头放在加压杀菌器内，在密闭条件下增加杀菌器的压力，由于锅内的蒸汽压力升高，水的沸点也升高，从而维持较高的杀菌温度，一般为 115～121℃。

（2）杀菌设备。罐头杀菌设备根据其密闭性可以分成开口式和密闭式两种，常压杀菌使用前者，加压杀菌使用后者。按照杀菌器的生产连续性可分为间歇式和连续式。目前我国大部分工厂使用的为间歇式杀菌器，这种设备效率低，产品质量差。常用的灭菌锅有立式灭菌锅和卧式灭菌锅两种，如图 3—13 和图 3—14 所示。

图 3—13　立式灭菌锅　　　　图 3—14　卧式灭菌锅

6. 冷却

罐头杀菌完毕，应迅速冷却，防止继续高温使产品色泽、风味发生不良变化，质地软烂。冷却用水必须清洁卫生。

常压杀菌后的产品直接放入冷水中冷却，待罐头温度下降。高压杀菌的产品待压力消除后即可取出，在冷水中分段降温至 38～40℃取出，利用罐内的余热使罐外附着的水分蒸发。如果冷却过度，则附着的水分不易蒸发，特别是罐缝的水分难以逸出，导致铁皮锈蚀，影响外观，降低罐头保藏的寿命。

7. 保温与商业无菌检查

为了保证罐头在货架上不发生因杀菌不足引起的败坏，传统的罐头工业常在冷却之后采用保温处理。具体操作是将杀菌冷却后的罐头放入保温室内，中性或低酸性罐头在 37℃下保温至少 7

天，酸性罐头在25℃下保温7～10天，然后挑选出胀罐，再装箱出厂。

商业无菌：罐头食品经过适度的杀菌后，不含有致病性微生物，也不含有在通常温度下能在其中繁殖的非致病性微生物。这种状态称为商业无菌。

目前推荐采用的是商业无菌检验法，其方法要点如下：

(1) 审查生产操作记录（如空罐检验记录、杀菌记录、冷却水的余氯量等）。

(2) 按照每杀菌锅抽两罐或按照千分之一的比例进行抽样。

(3) 称重。

(4) 保温。低酸性食品在（36±1)℃下保温10天，酸性食品在（30±1)℃下保温10天。预定销往40℃以上热带地区的低酸性食品在（55±1)℃下保温10天。

(5) 开罐检查。开罐后留样、涂片、测pH值、进行感官检查。此时如发现pH值、感官质量有问题即进行革兰氏染色，镜检。显微镜观察细菌染色反应、形态、特征及每个视野菌数，与正常样品对照，判别是否有明显的微生物增殖现象。

(6) 结果判定

1) 通过保温发现胀罐或泄漏的为非商业无菌。

2) 通过保温后正常罐开罐后的检验结果可参照表3—1进行。

表3—1　正常罐保温后的结果判定

pH值	感官检查	镜检	培养	结果
－	－	\	\	商业无菌
＋	＋	\	\	非商业无菌
＋	－	＋	＋	非商业无菌
＋	－	＋	－	商业无菌
－	＋	＋	＋	非商业无菌

续表

pH 值	感官检查	镜检	培养	结果
－	＋	＋	－	商业无菌
－	＋	－	\	商业无菌
＋	－	－	\	商业无菌

注：－代表正常，＋代表不正常，\代表不必进行操作。

8. 贴标签、储藏

经过保温或商业无菌检查后，未发现胀罐或其他腐败现象，即检验合格，贴标签。标签要贴得紧实、端正、无皱褶。

合格的产品贴标、装箱后，储藏于专用仓库内。要求罐头的储存条件温度为 10～15℃，相对湿度为 70%～75%。

四、糖水水果罐头加工实例

1. 糖水橘子罐头

（1）配方。柑橘 100 kg，蔗糖、柠檬酸适量。

（2）工艺流程

原料选择→分选→烫橘、剥皮→分瓣、去络→去囊衣→漂洗→整理→分选→漂洗检查→装罐→排气、密封→杀菌、冷却→检验→擦罐、贴标、入库

（3）操作要点

1）原料选择。原料的选择为：果实横径 4.5～7.5 cm 大小，肉质致密，色鲜艳，香味浓，糖分高，糖酸比适度，成熟适度，橘皮苷含量少，易剥皮，去络和分瓣容易，果肉紧密，瓤衣薄，少核或无核，糖酸比适宜，橘皮苷含量低，耐热，成熟适宜。

2）选果分级。将未熟的、皮青的、腐烂发霉的、病虫害的及枯萎的果实剔除。符合要求的原料每隔 5～10 mm 分为一级，分级后的果实置于清水槽中，洗净表面尘垢，再投入 0.1%的高锰酸钾溶液中或 0.6 g/kg 漂白粉溶液中浸泡 3～5 min。

3）烫橘、剥皮、分瓣、去橘络。先用热水或蒸汽烫橘子，使果皮软化，易于剥离。一般用95～100℃热水烫30～90 s，热烫后趁热剥皮，一般用手工剥皮，剥皮后的橘子随即边冷却边将整果分瓣，同时撕去囊瓣上的橘络丝，一定要撕净，否则橘子罐头汁液将出现白色沉淀。

4）去囊衣。去囊衣的方法目前有酶制剂处理法和化学药品处理法两种。

①酶制剂处理法。在酶作用的最适pH值和温度条件下，将橘瓣浸入其中，从而使外表皮软化。再以清水冲洗，冲脱外表皮而达到去囊衣的目的。

②化学药品处理法。用酸碱混合处理：将橘瓣先用酸溶液浸一段时间，然后用碱液浸泡一段时间，再以流动水冲洗，去除外表皮。一般盐酸浓度为0.02%～0.08%，温度为20～45℃，浸泡时间20～50 min；碱液（NaOH）浓度为0.02%～0.2%，温度为30～50℃，浸泡时间3～15 min。

5）整理、分选。通常为人工整理、分选，工人用月牙形剪刀将半去囊衣的橘瓣瓤囊的心、衣等剪去，同时将核去除；全去囊衣的橘瓣要用剪刀将心、衣、核等去除，橘瓣片形完整，果心口整齐，无核无橘络。

6）装罐与注液。经漂洗复检分级后的橘瓣按罐型要求称量装罐，再加入一定浓度的糖液。糖液温度不宜低于90℃。为改进成品风味，对某些品种的橘瓣还必须进行糖酸比的调节。常采用在糖水中添加柠檬酸，添加的酸量以使成品的pH值达到3.7以下为准。

7）排气与密封。若为全去囊衣，罐中心温度为65～70℃；压力控制在40～53.3 kPa。若为半去囊衣，罐中心温度为70～80℃；压力控制在50～53.3 kPa。

8）杀菌与冷却。热杀菌的参考条件见表3—2。

表 3—2　　各种罐型的热杀菌参数

金属罐型	罐净重量/g	全去囊衣	半去囊衣
781	312	5～（10～13 min）/100℃	5～（10～13 min）/100℃
8113	567	5～（14～16 min）/100℃	5～（15～18 min）/100℃
9121	850	5～（23～30 min）/100℃	5～（23～30 min）/100℃

杀菌完毕后，必须立即冷却至 38～40℃。

（4）质量标准

1）感官标准。本产品果肉呈橙红色，同一罐中色泽基本一致，糖水较透明。具有糖水橘子罐头应有的滋味和气味，香味清醇，甜酸适口，无异味。果实去皮、籽。橘瓣片形完整，果心口整齐，无核无橘络。

2）理化指标。开罐时，优级品和一级品糖度为 14%～18%，合格品为 12%～18%。

3）卫生指标。微生物指标应符合罐头食品商业无菌要求。

2. 糖水梨罐头

（1）配方。梨 100 kg、蔗糖适量、柠檬酸 500 g、食盐 200 g、焦亚硫酸钠 50 g。

（2）工艺流程

原料选择→分选→摘把去皮→切分去心→修整→洗涤→抽空→热烫→冷却→分选装罐（糖水的配制）→排气密封→杀菌冷却→检验→擦罐、贴标、入库

（3）操作要点

1）原料选择。选择果形正、石细胞少、香味浓郁、单宁含量低的品种。罐藏品种主要有巴梨、莱阳梨、雪花梨、秋白梨等。

2）摘把去皮，切分去心。梨的去皮以机械去皮为多。去皮后的梨切半，挖去籽巢和蒂把，使巢窝光滑并去尽籽巢。去皮后

应浸入护色液（1%～2%的盐水）中。巴梨不经抽空和热烫，直接装罐。

3）抽空。梨一般采用湿抽法。莱阳梨等单宁含量低，加工过程中不易变色的梨可以用盐水抽空；加工中容易变色的梨，如长把梨则最好以药液作为抽空液，药液配比为：食盐 2%，柠檬酸 0.2%，焦亚硫酸钠 0.02%～0.06%。药液温度以 20～30℃为宜，若温度过高会加速酶的作用，使水果变色，也会使药液分解产生 SO_2 而腐蚀抽空设备。

4）热烫。凡用盐水或药液抽空的果肉，抽空后必须经清水热烫。热烫时应沸水下锅，迅速升温。含酸量低的（如莱阳梨等）可在热烫水中添加适量的柠檬酸（0.15%）。热烫后急速冷却。

5）调酸。糖水梨罐头的酸度一般要求在 0.1%以上，如果低于这个标准会引起罐头的败坏和风味的不足。因此，生产梨罐头时，要根据原料的酸含量及成品的酸度要求添加酸量。

一般当原料梨酸度在 0.3%～0.4%范围内时，不必再外加酸，但要调节糖酸比，以增进成品风味。

6）装罐与注液。糖水梨罐头若选用金属罐，则应采用素铁罐，可以利用锡离子的还原作用使成品具有鲜明的色泽；若采用涂料罐，成品梨色暗、发红、味也差。

装罐时，按成品标准要求再次剔除变色、过于软烂、有斑点和病虫害等不合格的果块，并按大小、成熟度分开装罐。一般要求果块重量不低于净重的 55%。每罐加入糖水量一般控制在比规定净重稍高，防止果块露出液面而色泽变差。采用素铁罐时，为防止氧化圈的形成应尽量加满。

7）排气密封。加热排气时，排气温度控制在 95℃以上，罐中心温度为 75～80℃。真空密封排气时，真空度控制在 53～67.1 kPa。

8）杀菌与冷却。各种罐型的杀菌与冷却参数见表 3—3。

表 3—3　　各种罐型的杀菌与冷却参数

罐型	罐净重量/g	杀菌条件	冷却
781	312	5～15 min/100℃	立即冷却
7110	425	5～20 min/100℃	立即冷却
8113	567	5～22 min/100℃	立即冷却
9116	822	5～25 min/100℃	立即冷却
玻璃瓶	510	升温～25 min/100℃	分段冷却

杀菌完毕后，必须立即冷却至 38～40℃。

(4) 质量标准

1) 感官标准。本产品果肉呈浅黄色，同一罐中色泽基本一致，糖水比较透明。具有糖水梨罐头应有的滋味和气味，香味清醇，甜酸适口，无异味。果实去皮、籽，软硬适度，块形完整，切削良好，果块大小基本一致，无刺伤斑点。

2) 理化指标。开罐时，优级品和一级品糖度为 14%～18%，合格品为 12%～18%。

3) 卫生指标。糖水梨罐头的重金属含量不超标，微生物指标应符合罐头食品商业无菌要求。

模块五　炒 货 特 制

炒货又称烘炒食品，是以果仁、果蔬籽、坚果等为主要原料，添加或不添加辅料，经炒制或烘烤而成的食品，并能作为糖果、甜食和冰激凌等装饰料使用的食品。最常见、销量最大的是花生仁和瓜子仁。

一、基础知识

1. 炒货原料要求

合格的烘炒食品原料应具有果仁、果蔬籽、坚果等食品固有的外形、色泽、气味和滋味，口感松脆，颗粒饱满，大小均匀，不应有霉变、发芽、虫蛀等现象，不应有酸败、臭味、苦味等异味。

2. 主要炒货原料

（1）黑瓜子。黑瓜子是籽瓜的种子。籽瓜是西瓜的一种，亦称打瓜、大瓜。

黑瓜子按片粒形状分为大片、中片和小片。大片粒大壳厚，10 粒瓜子并列壳面阔度在 9.5 cm 以上，因其壳面四周乌黑，中心粉白，因此又称大白心、顶心白。中片粒略小，10 粒瓜子并列壳面阔度在 8.5 cm 以上，产地又称二心白，壳面色、形与大片相似。小片粒小壳薄，10 粒瓜子并列壳面阔度在 8 cm 以下，产地又称一窝蜂，壳色四周乌黑，中心灰白，有的全黑。

（2）白瓜子。白瓜子是南瓜、角瓜、倭瓜、葫芦瓜、玉白瓜等籽粒的统称。但因大部分取自南瓜，所以习惯上称南瓜子。

生坯白瓜子的品种按形状分为光板、毛板和葫芦子三种。光板的表面平洁，有自然光泽，片粒较狭长，是角瓜和倭瓜的籽粒。毛板的壳面较糙，瓜子四周有较毛的边，片粒较阔，是南瓜的籽粒。葫芦子是葫芦瓜和玉白瓜的籽粒，片粒厚，壳黄白色，仁肥大，且有苦味，品质较前两种差。

（3）葵花子。葵花子是向日葵的子实，简称葵子，俗称香瓜子。

葵花子的产地最广，全国各地都有出产，东北和内蒙古产量最多，品质也好，统称东北籽；云南、贵州、四川等省葵花子产量也多，但籽粒较小，统称西南籽；河北、山西、陕西、甘肃、新疆等省区产量也不少，统称西北籽。

葵花子按壳色分为黑籽、花籽和白籽三种。黑籽品质最好，花籽次之，白籽最差。

（4）花生。我国花生产地遍及全国，其中四川、山东、辽宁、河北、河南、江苏为主要产区，又以四川、山东产的最好，含油脂较多。花生仁一般分为大粒和小粒两种，花生的品质依种类及培植条件的优劣而分级。质量好的花生仁颜色新鲜，颗粒饱满整齐，果皮表面细致、光滑、无霉斑点；质量较差的花生颗粒不饱满，果皮皱缩，色暗。经常食用花生仁及其制品能健脾胃。因黄曲霉菌在花生中产毒最高，故使用前必须严格挑选，并做好保管工作。保管时应做好以下几点：

1）入库时要加强验收，干燥的花生米方可入库，新花生米和潮湿的必须摊开晾干，切忌暴晒。

2）花生米不宜存放在透热的铁皮顶的仓库或席棚里，最好储存在水泥或砖木结构、地势高、干燥通风、门窗严密、无虫无鼠的仓库里。

3）加强温湿度的管理，根据气候变化，适当调节气温，花生宜在 30℃以下存放，花生米在农历小寒后才能干燥，但到翌年二三月份花生米本身又会出水分，这时就要通风倒垛，否则花生仁会变软而生出霉斑。

4）花生米最好采用麻袋包装，堆垛应采取交叉通风垛的方法。装卸搬运时不能重摔或踩踏麻袋包，以防花生仁破碎而降低等级。

3. 炒货辅料

（1）八角。八角又称大茴或大料，具有特殊的香味，是一种辛辣性的调味品。八角形状奇特，呈齿轮形，每只有 7～9 个果荚组成，多数为 8 个，故名“八角”。云南、广东、福建均有出产，广西产量最多。

八角的品质要求为：颜色棕红、鲜艳有光泽，颗只肥大，睁眼足（荚边开裂缝较大，能看到荚内籽粒），不脱角，不破碎，干硬。

（2）花椒。花椒又名秦椒、山椒。粒如绿豆，椒皮外表红褐色，有龟裂纹。顶端开裂，内含籽粒一颗。花椒主要是用它的椒皮，其味麻辣且涩，芳香浓烈，是调味佳品。花椒主产于河北、河南、山西、陕西、四川、云南等地。

花椒按颗粒大小分为大椒和小椒。大椒统称大红袍，小椒亦称小黄金。大椒比小椒好。还有一种青椒，皮色青褐，亦称土花椒，品质较差。花椒的品质以身份干燥、粒大均匀、壳色红艳、壳内不含籽粒、香气浓郁、麻辣味足的为佳。

（3）小茴香。小茴香简称小茴，又名香丝菜或谷茴香。形似大麦，两端稍尖，外表光滑，色绿中带黄，有辛辣香气。小茴香的产地有山西、内蒙古、甘肃、四川、青海、陕西、新疆等省区，其中以山西数量最多。

小茴香的品质要求是：身份干燥，颗粒饱满，色泽黄绿，气味香辣，杂质少。

（4）桂皮。桂皮即桂树之皮。桂树分玉桂和菌桂两种，玉桂皮简称玉桂，可作药材。菌桂皮也称桂皮，供作食用，香气纯正，常和八角同用作调味。桂皮的产量以湖北、江西两省最多，贵州、福建、湖南、安徽、浙江等省也有出产。

桂皮的品质要求是：香味好，身份干，色泽纯，厚薄匀，没有杂皮。

（5）丁香。丁香又名公丁香、丁子香，其气味强烈芳香、浓郁。丁香为桃金娘科植物。把丁香花蕾和花柄分开，经日晒 4～5 天，所得产品即为公丁香。丁香花开后果熟，浆果红棕色，称为母丁香。丁香花蕾除含 14%～21%精油外，尚含树脂、蛋白质、单宁、纤维素、戊聚糖和矿物质等。丁香具有特殊而温和的芳香气味，是人们普遍欢迎的一种食品调味料。

（6）三柰。三柰又名沙姜，姜科，地下为块状根茎，有香味。根叶皆如生姜，有樟木香气。切断泡干，则皮赤黄色，肉白色。三柰味辛，无毒。

（7）糖精。糖精为无色结晶或白色结晶状粉末，也有加工成片的，俗称糖精片，其甜度为蔗糖的 300～500 倍，易溶于水。在常温下，其水溶液长时间放置，甜度会降低，故宜随配随用。

糖精本身无营养价值，主要起调味作用。按国家卫生标准，用量不得超过0.015%。

(8) 食盐。食盐有粗盐和精盐两种。在炒货中起调味作用。因其熔点极高（在无水情况下，为804～820℃），故又可代替砂子，用来炒制瓜子等。

(9) 香精香料。香料是具有挥发性的有香气的物质，按来源不同，可分为天然香料和人造香料两大类。

(10) 食用香精。食用香精由各种安全性高的香料和稀释剂调和而成。按溶剂不同分为水溶性和油溶性两类。制作炒货宜用水溶性香精，根据不同品种选择不同香型。

通常用数种乃至数十种香料调和配制的香料称为香精，所以说香料也是香精的原料。我国使用的食用香精主要是水溶性香精和油溶性香精两大类。烘烤食品要经高温，因此不宜使用耐热性差的水溶性香精，必须使用耐热性比较高的油溶性香精，但是还会有一定的挥发损失。故香精使用量应稍高一些。

食品中要获得良好的加香效果，除了选择好的食用香精外，还要注意以下一些问题：

1）使用量。香精在食品中使用量对香味效果的好坏关系很大，用量过多或不足，都不能取得良好的效果。如何确定最合适的用量，只能通过反复的加香试验来调节，最后确定最适合于当地消费者口味的使用量。

2）均匀性。香精在食品中必须分散均匀，才能使产品香味一致，如果加香不够，必然造成产品部分香味过强或过弱的严重质量问题。

3）其他原料质量。除香精外，其他原料质量差对香味效果也有一定的影响，如饮料中水的处理不好，采用古巴砂糖等，由于它们本身具有较强的气味，将会使香精的香味受到干扰而降低质量。

4）甜酸度配合恰当。甜酸度对香味效果可以起到很大的帮助作用，甜酸度的配合以接近天然果品为好。

二、一般炒货制品的工艺流程

炒货制品的工艺流程为：原料处理→煮制→炒制→调味→焙干→冷却→成品。

三、操作要点

1. 调味液的调配

常用的调味液有糖液、酸液和其他香料，一部分在煮制时添加，另一部分则在煮熟或烘烤后添加。

2. 原料处理

将挑拣好的原料除去泥沙等杂质，进行清洗干净，稍晾干后待用。

采用烧煮法加工的黑瓜子必须在石灰水中浸泡几个小时，然后捞出，用清水漂洗干净，以去掉瓜子壳上的蜡质黏膜。

3. 煮制

将各种调味料溶解在水中，然后将原料倒入调味液中，用微火浸煮，使调味液最大限度地渗入原料中，捞出，沥干。有的原料煮制后还要拌香料（包括白糖和食盐）。

4. 炒制

炒制时，可用干砂或粗盐进行加热。根据原料品种不同，可采用白砂或黄砂。沙砾一般直径为 2～3 mm，而形圆者为优。先将沙砾在流水中洗干净，拣去石块，筛去细沙，然后晒干。

将干净的夹层锅烧热后，倒入沥干的沙或粗盐，翻炒至烫手后，将处理好的原料倒入，并不断翻炒，使其均匀受热。随着水分的逐渐减少，原料由生变熟，爆炸声由少到多；达到高峰后，爆炸声逐渐稀落；到听不到爆炸声时，可将炒货取出。

5. 调味

炒货炒熟后，出锅，趁热立即筛去沙子，再将炒货倒出，加入调味溶液，迅速拌匀，微火焙干即可。

四、炒制时要注意的问题

1. 温度控制。开始可以适当高一些，随后应改用小火缓炒。

2. 有些品种不需要用盐或砂拌炒，只要将各种配料用热开水拌匀，与原料一起入缸中，搅拌均匀，然后上盖，浸泡一定的时间，取出，稍晾干后入锅缓炒至熟。

五、炒货特有设备

我国传统的焙炒设备主要有平底炒锅和卧式回转炒锅，两者均使用直接火炒制，生产的电动平底炒锅搅拌轴转速为 40～70 r/min，回转炒锅的主体部分是卧式回转筒体，在焙炒过程中物料翻动良好，不易产生死角而炒焦。

目前主要采用以燃气或电为热源的焙炒设备，如多功能转炉、远红外燃气多用炒货机等，适用于各种带壳的果仁（如花生、瓜子等）的炒制，具有焙炒温度均匀、生产效率高等特点，炒出的产品色、香、味俱佳。

1. 滚鱼皮机

滚鱼皮机的锅体为扁球形，并与轴心成角 40°～50°，转动速度为 35～42 r/min，转动平稳，滚制曲线合理，并在入口处装有电吹风，可吹热风或冷风，以供加热干燥和冷却用。

2. 滚筒调味机

调味是增加品种口味和花样非常便利的手段，常用的有单滚筒式调味机和双滚筒式调味机两种。

单滚筒调味系统如图 3—15 所示，它主要由上料输送带、食用油喷嘴、油罐、滚筒、干粉喷射器和成品输送带等组成。其工作过程和原理是：需要进行调味处理的食品通过上料输送带被均匀地输送到滚筒内，同时油泵将油罐中的食用油抽出，加压送到喷嘴喷入滚筒内，在滚筒的转动下，食品物料表面被喷涂上一层油，滚筒内部装有螺旋导向叶片，物料随滚筒翻滚时沿螺旋导向叶片向滚筒出口处移动，当物料移动到滚筒中部时，与从干粉喷射器喷入的调味料相接触，粘在食品的表面上；在滚筒不断翻滚的作用下，均匀粘有调味料的成品从滚筒出口端出来，落入成品输送带上被输送到包装车间。

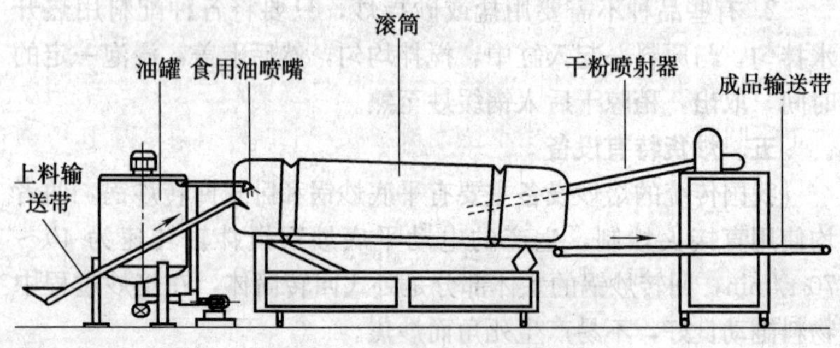

图 3—15 单滚筒调味系统

双滚筒调味系统比单滚筒调味系统多了一个滚筒和输送带，并增加了一个洒粉器，把筒内喷粉改为筒外洒粉，因此克服了单筒喷粉粉尘飞出、浪费较大的缺点。双滚筒调味系统如图 3—16 所示。

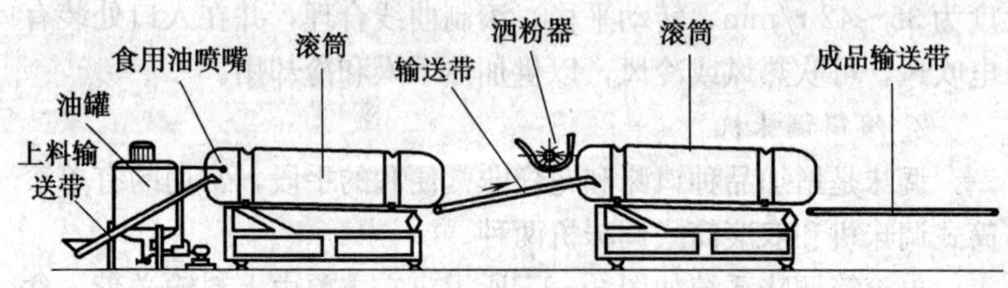

图 3—16 双滚筒调味系统

其工作过程是：物料用输送带送到第一个滚筒内，泵将油加压到喷嘴喷入到该滚筒内，将食品物料喷上油层，然后通过筒内的螺旋导向叶片作用把均匀喷上油层的食品物料送到筒外的输送带上，由输送带把它们送入第二个滚筒内，物料进入第二个滚筒前要从洒粉器下面经过，调味粉经洒粉器落到有油层的食品表面，粘有调味粉的物料再在第二个滚筒内滚动使调味分布均匀，然后在筒内导向板的引导下送出滚筒，由输送带送往包装车间。

洒粉器的工作原理示意图如图 3—17 所示，它的主要结构是一个半圆弧形的筛网，用不锈钢板制成，上面开有许多小孔，调味粉便从这些小孔当中通过落在食品上。为使这些小孔能正常漏粉，在筛网上面装有一缓慢转动的毛刷，以确保调味粉不断从孔中漏出，洒在表面上。

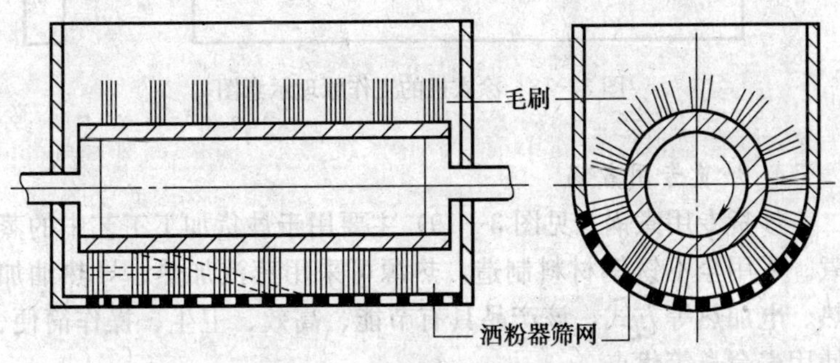

图 3—17　洒粉器的工作原理示意图

3. 涂衣机

涂衣机（见图 3—18）的作用是在食品表面涂上一层薄薄的巧克力等，其基本工作过程是：把准备涂衣的食品平放在水平输送网带上，这个由细的不锈钢丝编成的网带的间隙要尽可能大些，以被涂衣的物料不会从上落出为准。输送网带的正下方是巧克力储缸，巧克力在储缸内被加热成熔融状态，利用泵将熔融的巧克力送到涂料槽内，涂料槽正下方有一长条窄缝，巧克力从这个窄缝处以瀑布形式流下，而不锈钢网带垂直于这个涂料瀑布前进，网带上的食品便被涂上一层巧克力，而多余的巧克力将从网带缝隙中流回到巧克力储缸中。涂上一层巧克力的食品立即被送到冷却输送带上，在冷风吹拂下降温，巧克力涂层变硬，从冷风隧道中出来后即为符合包装的成品。

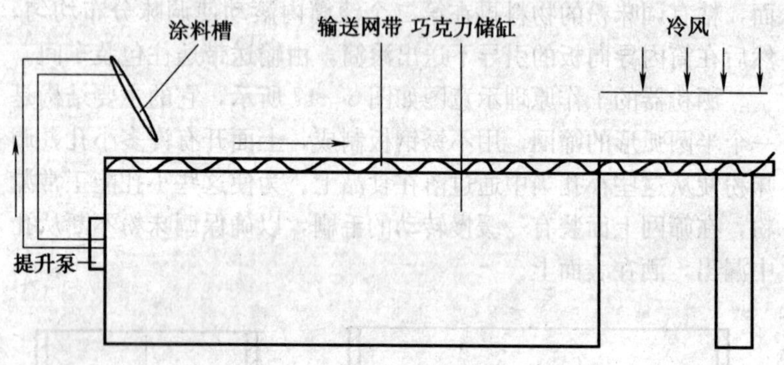

图 3—18　涂衣机的工作原理示意图

4. 炒货专用煮锅

炒货专用煮锅（见图 3—19）主要用于炒货加工工艺中的蒸煮。采用全不锈钢材料制造，热源可采用蒸汽加热、导热油加热、电加热等方式，该产品具有节能、高效、卫生、操作简便、使用寿命长等优点。

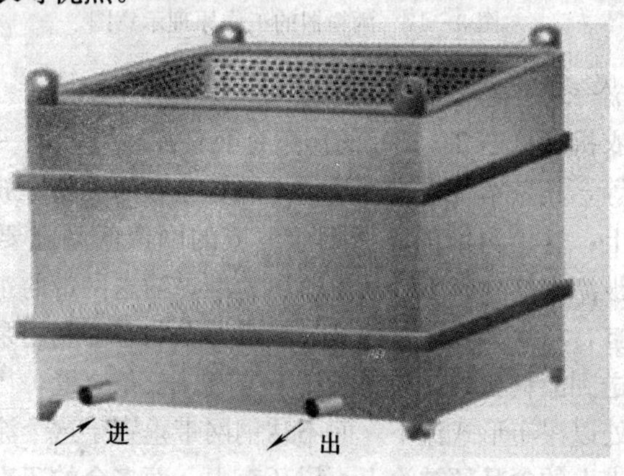

图 3—19　炒货专用煮锅

六、炒货食品加工实例

1. 糖衣栗子

板栗是一种具有较高营养价值的干果。本工艺生产的糖衣栗子的风味类似于传统的糖炒栗子，但产品卫生和方便营销优于后者。

(1) 配方。板栗 100 kg、蔗糖 140 kg、食盐 600 g、柠檬酸 1.1 kg、乙二胺四乙酸二钠（EDTA—2Na）750 g、明矾 600 g、调味料（桂花或玫瑰）适量。

(2) 工艺流程

板栗挑选→去壳→护色→预煮→漂洗→真空浸糖→被糖衣→干燥→被膜→包装

(3) 操作要点

1) 原料选择。选择饱满新鲜、每枚果重在 6 g 以上的板栗果实，剔除虫蛀果，并按大小分成二级。

2) 去壳、护色。手工或机械去壳均可，再用摩擦法磨去栗衣，边磨边冲水。将去掉栗衣后的栗果立即投入含有 0.2%的食盐和 0.2%的柠檬酸的混合水溶液中，浸泡护色。

3) 预煮、漂洗。用 0.25%的乙二胺四乙酸二钠、0.2%的明矾和 0.15%柠檬酸配成预煮液，在 80～90℃下煮 40～55 min，预煮时的料液比为 1∶3。使用该预煮液可防止浑汤，并保持栗果光洁、平滑。预煮后，栗果先在 50～60℃热水中漂洗 10 min，再在 40～50℃热水中漂洗 10 min。

4) 真空浸糖。采用真空分段式浸糖工艺，糖液的浓度为 30%、50%和 70%，依次递增，真空度为 53.5 kPa，料液比为 1∶2，浸渍温度为室温，浸渍时间为 2～3 h。

5) 包糖衣。浸糖后，将栗果置于浓的白糖煮沸液中，浸一下便出锅，使其表面包被一层糖衣，可在糖衣液中加少许风味剂，如桂花或玫瑰等。随后进行干燥，干燥分为两个阶段，先在 40～50℃下使栗果中水分缓慢蒸发，再升温至 60℃左右，烘至栗果含水量为22%～25%。

6）被膜。干燥后的栗果在转锅内加1∶10的桃胶乙醇液被膜，包被一层桃胶后立即吹干即为成品。桃胶属天然被膜剂，无异味、色泽浅，容易溶解于乙醇溶液中。被膜的目的是防止栗果水分蒸发，避免使其表面发黏，保证产品质量稳定，同时也使栗果外表产生明亮的光泽。

7）包装。采用复合薄膜袋真空包装。

（4）成品特点。栗果光洁，平滑，色泽明亮，似传统的糖炒栗子风味。

2. 鱼皮花生

鱼皮花生为传统的休闲食品之一，产品咸甜，酥脆，味美可口，具有特有的花生香味。

（1）配方。花生仁25 kg、标准粉11 kg、大米粉11 kg、调味料（盐和味精等）1 kg、白糖5 kg。

（2）工艺流程

花生仁焙烤→冷却→涂衣→焙烤→冷却→包装

（3）操作要点

1）花生仁焙烤。将粒大皮薄、整齐饱满、红衣无皱完整的花生仁置于140～150℃烤炉中，烤熟后冷却至室温备用。

2）黏附糖浆的配制。砂糖和清水按5∶1的比例混合，加热熬成糖浆，过滤，冷却至室温备用。也可加入适量糊精，以增加糖浆的黏性。

3）涂衣混合粉的配制。将48%的标准粉、48%的大米粉、4%的盐及味精等调味料混合均匀，并加以干燥，如添加适量泡打粉，可使涂衣后的鱼皮更松脆。

4）涂衣。烤熟的花生仁倒入翻滚的糖衣锅中，倒入适量黏附糖浆，均匀地涂在花生仁表面，再撒入适量的涂衣混合粉，让花生仁以翻滚方式均匀地粘上一层涂衣，开启热风，使其干燥。将此涂衣过程重复6～7次，形成多层涂衣。

5）焙烤。将多层涂衣的花生放入带振动筛的焙烤炉中，在150～160℃下焙烤，直到制品呈浅棕色为止。在焙烤中加以振动，可以防止鱼皮花生产生棱角，确保产品形状均匀。

6）冷却包装。烤好的鱼皮花生出炉冷却后，采用小袋复合薄膜包装。

（4）成品特点。颜色棕红，外表光滑，咸甜适口，咀嚼松脆。既可消闲，又可佐酒。

3. 香酥黄豆

将充分浸泡的黄豆，通过热风快速干燥和文火烘烤，使其膨胀的体积不被破坏，从而得到酥脆的黄豆制品。

（1）配方。黄豆 100 kg、调味料（盐或白糖等）5 kg。

（2）工艺流程

脱皮黄豆瓣→浸泡→二次浸泡→沥水→一次烘烤干燥→二次烘烤干燥→三次烘烤干燥→调味→包装

（3）操作要点

1）原料选择。选择粒大饱满、有光泽的大豆为原料，加水浸泡去皮后分成两瓣备用。

2）浸泡。将脱皮黄豆瓣置于 70～85℃的水中浸泡 10～15 min，以使其含水量达到 40%～50%，接着在 85～100℃的水中二次浸泡 15～20 min，使豆瓣的含水量达到 50%～65%，豆瓣体积膨胀 2～3 倍，同时大豆中的脂肪氧化酶、尿素酶和胰蛋白酶抑制素等失活，从而脱除豆腥味。

3）干燥和烘烤。采用三段烘烤干燥，第一干燥床的入口温度约 250℃，出口温度约 90℃，第二干燥床的入口温度约 220℃，出口温度约 115℃，第三干燥床的入口温度约 160℃，出口温度约 100℃。

豆瓣通过三个干燥段的时间均为 12～13 min。由于浸泡后的豆瓣先在至少 250℃的高温热空气中快速干燥脱水，在豆瓣表面形成硬挺的固化层，然后再置于较低温度下继续烘烤干燥，以去除其内部的水分，这样豆瓣不皱缩，形成了较好的多孔酥脆质构。

4）调味。采用滚筒调味机调味或巧克力涂衣机涂层。

（4）成品特点。产品具有令人愉快的浅黄色外观和酥脆的口感，水分含量为1%～4%，产品松密度为350～450 g/L，密度为600～800 g/L。而含水10%～13%的脱皮豆瓣的松密度为750～800 g/L，密度约为1 200 g/L。

4. 开口松子

松子为松树的种子。由种皮、胚和胚乳组成，其中胚和胚乳为食用部分，称为松仁。使用一定浓度的碱溶液，使种皮外层溶解，发芽孔便直接外露，外壳就能从发芽孔处沿种脐方向开裂，即成为开口松子。

（1）配方。松子100 kg、氢氧化钠0.75 kg、盐酸0.75 kg。

（2）工艺流程

松子→碱浸泡→冲洗→第一次稀酸中和→去外皮→第二次稀酸中和→翻炒→冷却→包装

（3）操作要点

1）原料选择。选用松子仁饱满、无空粒、无变质、大小尽可能均匀的松子为原料，以便加工条件能一致。

2）碱液浸泡。松子在90℃、1.5%NaOH溶液、与碱液之比为1∶0.5的条件下，浸泡20～40 min，炒制的松子开口率可达到99%以上。

3）冲洗。浸泡后的松子表面黏附着碱液及半纤维素的水解产物等，外表发黑，需用水冲洗，并用低浓度的稀酸（如柠檬酸或稀盐酸）初步中和。

4）摩擦去除外皮。经碱浸泡后的松子外皮并未完全脱落下来，采用简单的摩擦机械或在冲洗的同时与水一起离心片刻就可以除去外皮。

5）第二次中和浸泡。去除外皮后，黏附于外皮与外壳间的

NaOH 游离出来，使 pH 值上升，故需进行第二次中和。这次中和后需浸泡一段时间，以完全除去 NaOH，否则，松子有涩味。若浸泡时加入一定量的食盐及其他调味料，可以使松子口味更好。

6）翻炒。处理后的松子发芽孔已经外露，这时用手沿种脐方向轻轻一捏，松子就会开裂。在炒制过程中，外壳失水收缩，种脐开裂成为开口松子。同时，经焙炒处理后，种仁内部高分子化合物发生一系列的化学变化与生物化学变化，松子散发出一种特有的香气。

7）冷却包装。冷却包装前喷洒不同的香精，可使松子风味更佳。采用普通塑料膜包装后，可在室温下存放一年，不发生耗败。

（4）成品特点。松子开口率大于 99%，沿开裂处可以把外壳轻易地分为两半。

5. 五香黑瓜子

（1）配方。黑瓜子 100 kg、生姜 150 g、小茴香 65 g、八角 250 g、花椒 32 g、桂皮 25 g、牛肉精粉 100 g、白糖 2 kg、食盐 5 kg、植物油 1.2 kg。

（2）工艺流程

黑瓜子→石灰液浸泡→漂洗→加香煮制→拌香料→烘烤→摊晾→包装→成品

（3）操作要点

1）黑瓜子筛土，去除杂质，剔去劣质和不能加工的瓜子。将水灌入储槽中，再把石灰投入水中，充分搅拌溶解，待多余的石灰沉淀后，取澄清的石灰液抽入另一个储槽，再将筛选过的瓜子倒入石灰液中浸泡 24 h。将经浸泡的瓜子捞出，盛入粗铁筛内，用饮用水冲洗干净，并除去劣质和含有杂质的瓜子。

2）称取生姜、小茴香、八角、花椒、桂皮，封入二层纱布袋内，纱袋要宽松，给辛香料吸水膨胀时留出空隙。辛香料需要封装若干袋，以备集中煮制黑瓜子使用。

3）将浸泡清洗过的瓜子倒入夹层锅内，再倒入为黑瓜子4倍的水，煮沸1 h捞出。

4）锅中加入150 L水，加入10%水量的食盐，并加入辛香料、牛肉精粉等，倒入煮后的黑瓜子。加热煮沸2 h。需要经常补充水至原体积。然后捞出沥干。

5）将煮出的黑瓜子趁热拌入5 kg食盐和2 kg白糖，搅拌均匀。取洁净的竹箅，上面铺塑料编织网，将瓜子均匀地撒在上面，每箅上放瓜子约1 kg，将装有瓜子的竹箅送入烘房。烘房的温度一般在70～80℃，烘烤约4 h。烘烤时，应经常启动排气机排潮，间隔30 min排1次，每次1～2 min。

6）取出的黑瓜子要集中拌入植物油，用量为原料的1%左右。拌植物油时用油刷充分搅拌均匀。然后送入保温库均匀摊开。晾至表面略干，即可进行包装。、

（4）成品特点。黑瓜子表面允许因食盐反渗出的白色存在。

第四单元 冷却及包装贴标

培训目标

1. 了解冷却与包装的一般过程。

2. 掌握冷却与包装的方法。

模块一 冷 却

当果脯、干态蜜饯制品干燥达到要求时，果汁、果酱、罐头密封杀菌后就可进行冷却处理。冷却有自然冷却和强制冷却，自然冷却所需时间较长，强制冷却速度快，但冷却时要控制降温速度，以免温差太大，使果汁、果酱、罐头瓶爆裂。

干燥过后的果脯、干态蜜饯和干果炒货制品水分含量很不均衡，外干里湿，只有冷却一段时间后，使水分里外均衡，才利于包装和储藏。果汁、果酱、罐头杀菌完毕，应迅速冷却，防止持续高温使产品色泽、风味发生不良变化，质地软烂。采用流水的强制分段冷却工艺为：常压杀菌后的产品直接放入冷却水中冷却，冷却水必须清洁卫生，每次水温不能相差 20℃以上，在冷水中使产品温度降至 38～40℃取出，利用罐内的余热使罐外附着的水分蒸发。如果冷却过度，则附着的水分不易蒸发，特别是罐缝的水分难以逸出，导致铁皮锈蚀，影响外观，降低罐头的保藏寿命。

模块二　包　　装

一、果汁、果酱、罐头的包装

果汁、果酱、罐头只有通过包装，才能延长其保质保存期限，进入商品流通领域。目前除玻璃瓶外，相继出现了金属容器、塑制瓶及各种复合包装材料。包装容器和材料应具有一定的化学稳定性，不仅对人体无毒害，而且要保证内容物不会与其发生化学作用而影响产品质量；不会受到外界环境（如生物性和化学性污染及机械负荷）的影响，具有优良的综合防护性能，如阻气性能、蔽光性能和保香性能等；加工性能良好，资源丰富，成本低廉，能满足工业化的需要。此外，还要求包装讲究安全感和广告性，质量轻，便于携带和装卸。

1. 玻璃瓶

玻璃瓶是果汁、果酱、罐头等广泛采用的包装容器，具有透明、洁净、化学稳定性高、不透气、不污染内容物等性能，且具有造型灵活、装饰多彩、价格低廉、能多次循环利用等优点，是其他材料无法取代的，其缺点是机械强度低，易破损和质量重。玻璃瓶装果汁、果酱、罐头如图 4—1 所示。

图 4—1　玻璃瓶装果汁、果酱、罐头

2. 金属罐及金属材料

金属罐与玻璃瓶比，有重量轻、不易碎、承受温度骤变能力强等优点。目前用来制造金属罐的常用金属材料主要是镀锡薄钢板、镀铬薄钢板及铝材等。金属罐装罐头如图 4—2 所示。

图 4—2　金属罐装罐头

3. 塑料及复合包装材料

塑料是在人工合成的高分子聚合物树脂中添加稳定剂、着色剂、润滑剂、增塑剂等，经加工而成的塑性材料。其优点是制造加工性能良好，可通过人工方法调节材料性能，供应价格比较便宜，对自动包装机械具有良好的适应性能，应用范围特别广泛。与瓶、金属罐包装相比，塑料的材料轻，不易破损，容易开启，使用方便。它与纸包装相比，透明，强度高，密封性好，耐水性高，可以制成复合薄膜及多层塑料瓶，以满足不同产品包装的需要。其缺点是加热过程容易热分解和老化，并产生异味影响食品品质，有不同程度的透光性、透气性，影响保质时间，更严重的是废弃物对环境的污染，因此限制了在食品包装中的应用。塑料包装浓缩的果汁如图 4—3 所示。

复合包装材料是两层或两层以上的包装材料复合在一起，往往具有构成它的基质材料所具有的主要优点，并且在一定程度上弥补了这些材料的缺点。复合包装材料包装的果汁如图 4—4 所示。

图 4—3　塑料包装浓缩的果汁　　图 4—4　复合包装材料包装的果汁

二、果脯蜜饯的包装

果脯、蜜饯是直接入口的食品，其表面又多少带有黏性，容易受微生物和灰尘污染，对其包装应特别严格才能保证卫生质量。果脯包装车间如图 4—5 所示。

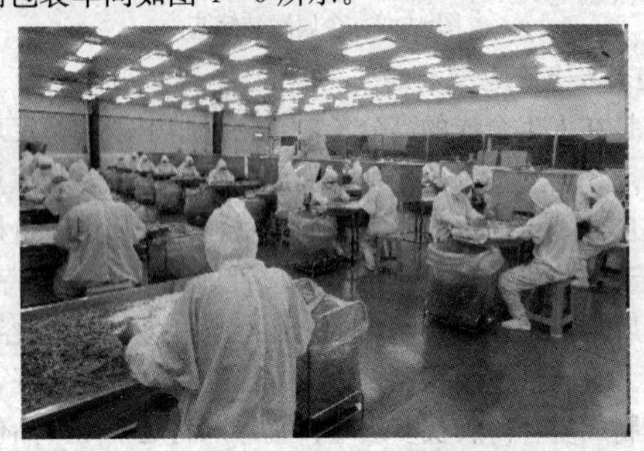

图 4—5　果脯包装车间

1. 包装的基本要求

（1）小包装化。果脯、蜜饯以小颗粒、小块状居多，为了取食方便，消费者喜欢包装颗粒化，一包一粒或数粒，也可避免果脯、蜜饯产品之间相互粘连。然后再将这些颗粒包装按定量要求（如 200 g、227 g 等）装袋或装盒。

（2）礼品化。果脯、蜜饯是一种馈赠佳品，为了馈赠的需要，其包装装潢要美观大方，色彩鲜明。图案和简介、说明等的字样要清晰，内容要翔实，不夸大宣传。包装的形式要不断更新，以适应新的要求。

2. 包装材料的选择

（1）对包装材料的基本要求。不论何种包装，所用材料必须清洁、无毒，符合食品卫生要求，特别是直接与果脯、蜜饯相接触的包装材料，更应严格要求，而外包装材料的要求则相对低一些。

（2）常用包装材料

1）蜡纸。蜡纸是在薄纸上浸蜡而成一种包装材料，有一定的防潮性，但不卫生，现在已不用，它是最早的包装材料。

2）塑料薄膜。并不是所有塑料薄膜都适合于食品包装，现在用得最多的聚乙烯薄膜，它防潮性好，耐热、耐寒，机械强度好，易热封，但印刷性较差。

3）复合薄膜。复合薄膜是指将两种或两种以上的薄膜复合在一起组成的一种包装材料，它能取长补短，成为性能优异的包装材料。复合薄膜是以塑料薄膜为基材，再与铝箔、其他薄膜复合而成的，是目前用得最多的包装材料。

4）玻璃纸。玻璃纸是一种高级包装用纸。透明度极好，质地柔软，阻气，耐油，耐热，易印刷，但它有吸湿性，撕裂强度低，干燥后发脆，不能热封。多用于中高档果脯和蜜饯的包装。

3. 常用包装方法

果脯蜜饯是一种含糖量很高的食品．一般含糖量在60%以上，只有这样高的含糖量，才得以抑制微生物的活动，使食品得以保质。对一般产品来说，其包装主要有小包装和大包装两种。

（1）小包装。小包装是直接到消费者手中的包装形式，亦是最贴近产品的包装。为了保证其高浓度，防止其吸潮是小包装考虑的首要原则。

为此，接触果脯、蜜饯的包装材料应当能隔潮，使水蒸气不致侵入其中。可先用玻璃纸进行颗粒包装（见图4—6），然后装入有鲜艳图案、文字和商标的带有塑料托的塑料袋（见图 4—7）或硬纸盒中，一般每盒（或袋）100 g、200 g、227 g 等。

图 4—6　颗粒包装果脯

图 4—7　袋装果脯

（2）大包装。大包装也是一种流通包装，指产品从生产到销售的流通过程中，包装件要面对各种不同的环境和条件，它们对包装的防护性能将进行各种考验。

一般来说，流通过程主要包括装卸、搬运、运输、仓储等几个环节。包装件应能经受各种不利条件的考验，常用的大包装有纸箱包装和木箱包装两种类型。

1）纸箱包装。纸箱（见图 4—8）是一种最常见的形式，多加厚瓦楞纸箱，在箱中垫防潮纸，将小包装产品放入大塑料袋中，一起装箱。其口部用胶带纸贴牢，外用捆扎带捆扎两道，以防止箱体散坏，还能避免商品受压变形和粘连结块的现象。

图 4—8　储运纸箱装果脯

2）木箱包装。木箱是一种常见的包装容器，是最古老的包装容器之一。最主要的特点是机械强度大，抗机械损伤能力强，能承受很大的码垛载荷。由于果脯、蜜饯的密度较小，重量较轻，采用木架结构、外钉胶合板的木箱，这种木箱承载能力较大，且箱面平滑，外形美观，防尘性能较好，也省木材。装箱时，需先在箱中衬垫牛皮纸，再衬垫防潮纸，然后把用塑料袋包好的成品装入箱内，加盖钉死。木箱包装量为 15～30 kg。

三、炒货包装

1. 纸

纸包装有一定的防潮性，但不卫生，现在已很少使用。

2. 塑料薄膜

炒货包装现在用得最多的塑料薄膜，它防潮性好，耐热、耐寒，机械强度好，易热封，但印刷性较差。

3. 复合薄膜

复合薄膜是指将两种或两种以上的薄膜复合在一起组成的一种包装材料，它能取长补短，成为性能优异的包装材料。复合薄膜是以塑料薄膜为基材，再与铝箔、其他薄膜复合而成的，是目前用得最多的包装材料。炒货复合薄膜包装如图 4—9 所示。

图 4—9　炒货复合薄膜包装

模块三 喷码、贴标

一、喷码、贴标工艺

喷码、贴标工艺过程由标签种类和使用设备不同而略有差异，一般工序为：取标→标签传送→喷码→涂胶→贴标。

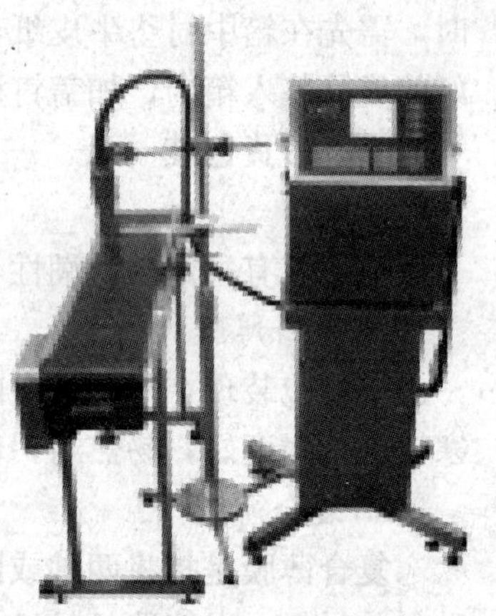

图 4—10 喷码机

二、喷码、贴标设备

由于标签所用材质、形式和形状等方面的差异，贴标对象的种类繁多，有贴单标、双标直至三标的。喷码机（见图 4—10）、贴标机（见图 4—11）的类型也有很多，如真空转鼓式贴标机、回转式真空转鼓贴标机、压敏标签贴标机等。

图 4—11 贴标机

第五单元　果品常见质量问题及预防措施

培训目标

1. 了解果品常见的质量问题及预防措施。

2. 掌握预防措施和解决问题的一般方法。

模块一　果汁常见质量问题及预防措施

一、果汁的败坏

果汁败坏常表现为表面长霉、发酵，同时产生CO_2、醇或产酸而败坏。

1. 败坏原因

果汁败坏的原因主要是微生物活动所致。微生物能引起胀罐，甚至会使容器破裂；被微生物污染的原料在加工过程中混入会引起产品的霉味；微生物在果汁中会引起果汁浑浊，使果汁变味。

2. 预防措施

采用新鲜、健全、无霉烂、无病虫害的原料取汁；注意原料取汁打浆前的洗涤消毒工作，尽量减少原料外表微生物数量，防止半成品积压，尽量缩短原料预处理时间；严格车间、设备、管道、容器、工具的清洁卫生，并严格加工工艺规程；在保证果汁饮料质量的前提下，必须充分杀菌，适当提高果汁的含酸量，有利于提高杀菌效果等。

二、果汁的变味

1. 变味原因

水果原料不新鲜，加工时过度的热处理，调配不当等加工方法以及储藏期间的环境条件不适宜，微生物的过度活动都能产生的不良味道，会使果汁变味。

2. 预防措施

(1) 选择新鲜良好的原料，适度加热，合理调配。

(2) 柑橘类果汁比较容易变味，特别是浓缩汁变味更严重，因此，对于柑橘类果汁，可以采取以下措施防止变味：在榨汁过程中，不能压破种子和过分压榨果皮，以防苦味物质进入果汁；杀菌时控制适当的加热温度和时间；将柑橘汁储藏在 4℃条件下，风味变化较缓慢。

三、果汁的色泽变化

果汁色泽的变化比较明显，包括色素物质引起的变色和褐变引起的变色两种变化。

1. 色素物质引起的变色

(1) 原因。主要由于水果中的叶绿素、类胡萝卜素、花青素等色素在加工过程中被氧化造成。

(2) 预防措施。加工、运输、储藏、销售时，尽量做到低温、避光、隔氧，避免与金属接触。

2. 褐变引起的变色

(1) 原因。主要是由非酶褐变和酶褐变引起的。

(2) 预防措施。果汁加工中应尽量降低受热程度，避免与非不锈钢的器具接触，延缓果汁的非酶褐变。防酶褐变除采用低温、低 pH 值储藏外，还可添加适量的抗坏血酸及柠檬酸等抑制酶褐变，减少果汁色泽变化。

四、果汁饮料的浑浊与沉淀

澄清果汁要求汁液清亮透明，浑浊果汁要求有均匀的浑浊度，但果汁在生产后的储藏销售期间，易出现异常，例如，苹果和葡萄等澄清汁常出现浑浊和沉淀，柑橘、番茄和胡萝卜等浑浊汁，常出现沉淀和分层现象。

1. 产生原因

（1）加工过程中杀菌不彻底或杀菌后微生物再次污染。微生物活动会产生多种代谢产物，因此导致浑浊、沉淀。

（2）澄清果汁中的悬浮颗粒以及易沉淀的物质未充分去除，在杀菌后储藏期间会继续沉淀；浑浊果汁中所含的果肉颗粒太大或大小不均匀，在重力的作用下沉淀；果汁中的气体附着在果肉颗粒上时，使颗粒的浮力增大，使浑浊果汁分层。

（3）加工用水未达到软饮料用水标准，带来沉淀、浑浊的物质。

（4）金属离子与果汁中的有些物质发生反应产生沉淀。

（5）调配时，辅料（糖和其他物质）质量不合格，可能会有导致浑浊、沉淀的杂质。

2. 预防措施

根据具体情况进行预防和处理。在加工过程中，严格澄清，保证杀菌质量，是减轻澄清果汁浑浊和沉淀的重要保障。

另外，针对浑浊果汁添加合适的稳定剂增加果汁的黏度，也是一个有效的措施。生产中通常使用混合稳定剂，稳定剂混合使用的稳定效果比单独使用好。

模块二　果脯常见质量问题及预防措施

在果脯、蜜饯加工过程中，由于操作方法的失误或原料处理不当，往往会出现一些质量问题，造成产品质量低劣，成本增加，影响经济效益。为尽量减少或避免这方面损失，对加工中出现的一些问题，可采取一些相应的预防或补救措施。

一、要求返砂果脯的不“返砂”

对于返砂蜜饯，其质量是产品表面干爽、有结晶糖霜析出，但是，如果对原料处理不当或糖煮时没有把握好正确的时间，而使转化糖急剧增高，导致产品发黏，糖霜析不出。

1. 造成不返砂的主要原因

处理原料时，没有添加硬化剂；原料本身的果酸或果胶较多；糖渍时，半成品有发酵现象，使成品发黏；糖煮时间太短，糖液的浓度不足。

2. 预防措施

处理原料时，应适当添加一定数量的硬化剂；延长烫漂时间，尽量除去果胶、果酸；在糖煮时掌握好时间，防止蔗糖过度转化，尽量采用新糖液；防止糖渍的半成品发酵。

二、要求不返砂果脯的“返砂”与“流汤”

1. 造成“返砂”或“流汤”的原因

造成“反砂”或“流汤”的原因主要与转化糖占总糖的比例有关。如果在糖煮过程中转化糖含量过少，就会使产品表面出现结晶糖霜。这种现象，称为“返砂”。实践证明，果脯中的总糖含量为68%～70%，转化糖占总糖的30%以下时，容易出现不同程度的“返砂”，使质地变硬而且粗糙，表面失去光泽，容易破损，品质降低。相反，如果果脯中的转化糖含量过高，特别是在高温高湿季节，又容易产生“流汤”现象，使产品表面发黏，容易变质。实验证明，转化糖占总糖的50%时，在良好的条件下产品不易“返砂”；当转化糖达到占总糖的70%以上时，产品易发生“流汤”。

2. 预防措施

掌握好蔗糖与转化糖的比例，即严格掌握糖煮的时间及糖液的pH值（糖液的pH值应保持在2.5～3），促进蔗糖转化，可加柠檬酸或酸的果汁调节。

三、煮烂与干缩现象

1. 产生原因

煮烂的原因主要是品种选择不当，水果成熟度过高，糖煮温度过高或时间过长，划纹太深（如金丝蜜枣）等；干缩的原因主要是水果成熟度过低；糖渍或糖煮时糖浓度差过大；糖渍或糖煮时间太短，糖液浓度不够，致使产品吸糖不饱满等。

2. 预防措施

预防煮烂、干缩的措施有：选择成熟度适中的原料；组织较柔软的原料应糖渍；为防止产品干缩，应分批加糖，使糖浓度逐步提高，并适当延长糖渍时间，吸糖饱满后再进行糖煮。糖煮时间要适当。

四、发酵、长霉

1. 产生原因

发酵、长霉产生的原因主要是产品含糖量过低和含水量过高，在储存中通风不畅，卫生条件差，造成微生物污染。

2. 预防措施

预防发酵、长霉的措施有：控制成品含糖量和含水量，加强加工和储存中的卫生管理，适当添加防腐剂。

模块三　果酱常见质量问题及预防措施

果酱加工中容易出现的质量问题及防止措施如下：

一、变色

1. 果酱变色的原因

果酱变色的原因有单宁和色素的氧化、金属离子引起的变色、糖和酸及含氮物质的作用引起的变色、糖的焦化等。

2. 预防措施

预防果酱变色的措施有：加工操作迅速，碱液去皮后务必洗净残碱，预煮迅速，加工过程中防止与铜、铁等金属接触；尽量缩短加热时间，浓缩中不断搅拌，防止焦化。浓缩结束后迅速装罐、密封、杀菌和冷却，储藏温度不宜过高，以20℃左右为宜。

二、糖结晶

1. 果酱出现糖结晶的原因

果酱出现糖结晶的原因主要是含糖量过高，酱体中的糖过饱和，也可能是由于果酱中转化糖含量过低造成的。

2. 预防措施

预防糖结晶的措施有：生产中要严格控制含糖量不超过63%，并使其中转化糖高于30%。也可用淀粉糖浆代替部分砂糖，一般为总糖的20%。

三、汁液分泌

1. 产生原因

汁液分泌产生的原因主要有果块软化不充分、浓缩时间过短或果胶含量低未形成良好的凝胶。影响凝胶强度的因素有：果胶相对分子量、果胶甲酯化程度、pH值以及温度等。高甲氧基果胶凝胶形成的条件为：糖65%～70%，pH值2.8～3.3，果胶0.6%～1%。

2. 预防措施

预防汁液分泌的措施有：原料软化充分，使原果胶水解而溶出果胶；对果胶含量低的可适当增加糖量；添加果胶或其他增稠剂增强凝胶作用。

四、发霉变质

1. 果酱发霉变质的原因

果酱发霉变质的原因主要有原料霉烂严重，加工、储藏中卫生条件差，装罐时瓶口污染，封口温度低，密封不严，杀菌不足等。

2. 预防措施

预防发霉变质的措施有：严格分选原料，剔除霉烂原料，彻底清洗，原料库房要严格消毒，通风良好防止长霉；要加强车间、工器具、人员的卫生管理；装罐中严防瓶口污染，瓶子、盖子要严格消毒，果酱装罐后密封温度要大于 80℃并封口严密，杀菌必须彻底。合理选用杀菌、冷却的方式。

模块四　罐头常见质量问题及预防措施

一、胀罐

罐头底或盖在正常情况下呈平坦状或向内凹，但在加工后续或储藏期出现底或盖外凸的现象称为胀罐，也称为胖听。根据胀罐产生的原因可分为三类，即物理性胀罐、化学性胀罐和细菌性胀罐。

1. 物理性胀罐

（1）胀罐原因。罐制品内容物装得太满，顶隙过小；加压杀菌后，降压过快，冷却过速；排气不足或储藏温度过高等。

（2）预防措施。严格控制装罐量；装罐时顶隙控制在 3～8 mm，提高排气时罐内中心温度，排气要充分，封罐后能形成较高的真空度；加压杀菌后反压冷却速度不能过快；控制罐制品适宜的储藏温度。

2. 化学性胀罐（氢胀罐）

（1）胀罐原因。高酸性食品中的有机酸与罐藏容器（马口铁罐）内壁起化学反应，产生氢气，导致内压增大而引起胀罐。

（2）预防措施。空罐宜采用涂层完好的抗酸全涂料钢板制罐，以提高罐对酸的抗腐蚀性能；防止空罐内壁受机械损伤，以防出现露铁现象。

3. 细菌性胀罐

（1）胀罐原因。杀菌不彻底或密封不严，使细菌重新侵入而分解内容物，产生气体，使罐内压力增大而造成胀罐。

(2) 预防措施。罐藏原料应充分清洗或消毒，严格注意加工过程中的卫生管理，防止原料及半成品的污染；在保证罐制品质量的前提下，对原料进行热处理，以杀灭产毒致病的微生物；在预煮水或糖液中加入适量的有机酸，降低罐制品的 pH 值，提高杀菌效果；严格封罐质量，防止密封不严；严格杀菌环节，保证杀菌质量。

二、跳盖现象以及破损率高

玻璃罐头在杀菌冷却过程中出现的瓶盖松动或弹出情况称为跳盖现象。

1. 跳盖及破损率高的原因

罐头内容物装得太多，顶隙太小；罐头排气不足，罐头内真空度不够；杀菌时降温、降压速度快；玻璃罐本身的质量差，尤其是耐温性差。

2. 预防措施

罐头内容物不能太多，保证留有一定的顶隙；罐头排气要充分，保证罐内的真空度；杀菌冷却时，降温降压速度不要太快，进行常压冷却时，禁止冷水直接喷淋到罐体上；选用玻璃罐时，必须选取具有一定耐变温性的玻璃罐；利用回收玻璃罐时，在装罐前必须认真检查，剔除所有不合格的玻璃罐。

三、加工过程中发生变色现象

1. 变色原因

水果中固有化学成分引起的变色。如水果中的单宁、色素、含氮物质、抗坏血酸氧化引起的变色；加工罐头时，原料去皮后没及时进行护色处理；烫漂温度过低、时间短；对水果原料进行前处理时，与铁器接触，发生褐变现象。

2. 预防措施

控制原料的品种和成熟度，采用热烫进行护色时，必须保证热烫处理的温度与时间；采用抽空处理进行护色时，应彻底排净原料中的氧气，同时在抽空液中加入防止褐变的护色剂，可有效地提高护色效果；水果原料进行前处理时，严禁与铁器接触。

四、罐头中固形物软烂及汁液浑浊

1. 产生原因

水果原料成热度过高；原料进行热处理或杀菌的温度高，时间长；运销中急剧震荡，内容物反复冻溶，微生物对罐内食品的分解等。

2. 预防措施

选择成熟度适宜的原料，尤其是不能选择成熟度过高而质地较软的原料；热处理要适度，特别是烫漂和杀菌处理，要求既起到烫漂和杀菌的目的，又不能使罐内水果软烂；原料在热烫处理期间，可配合硬化处理；避免成品罐头在储运与销售过程中急剧震荡、冻溶交替以及微生物的污染等。

模块五　炒货常见质量问题及预防措施

炒货果品在储藏过程中会出现变味、发霉、绵软现象，并且导致不能食用。

1. 产生原因

储存原料和成品的仓库及加工车间温度过高，湿度过大；使用储存时间过长的原料，容易导致产品氧化变质，产生特殊的臭味、哈喇味、苦味等；成品包装在储存时发生破裂，使成品外漏氧化变质，产生哈喇味、苦味等。

2. 预防措施

严格控制原料和成品的仓库及加工车间温度和湿度；选取合格原料是生产合格产品的必要前提，所以，应选择具有水果籽、果仁、坚果等食品固有的外形、色泽、气味和滋味，口感松脆，不应有霉变、虫蛀现象，不应有酸败、臭味、苦味等异味的原料；定时检查产品包装，以防止包装破裂，成品最好是真空包装或者在包装中有脱氧剂。